Strange Case of Dr. Jekyll and Mr. Hyde

El extraño caso del Dr. Jekyll y el señor Hyde

[Bilingual Edition]

English – Spanish

by Robert Louis Stevenson

Translated by Möwenstein

Contents

STORY OF THE DOOR
HISTORIA DE LA PUERTA
1

SEARCH FOR MR. HYDE
BÚSQUEDA DEL SR. HYDE
25

DR. JEKYLL WAS QUITE AT EASE
DR. JEKYLL ESTABA MUY A GUSTO
55

THE CAREW MURDER CASE
EL CASO DEL ASESINATO DE CAREW
65

INCIDENT OF THE LETTER
INCIDENTE DE LA CARTA
81

INCIDENT OF DR. LANYON
INCIDENTE DEL DR. LANYON
99

INCIDENT AT THE WINDOW
INCIDENTE EN LA VENTANA
115

THE LAST NIGHT
LA ÚLTIMA NOCHE
121

DR. LANYON'S NARRATIVE
DR. NARRACIÓN DE LANYON
163

HENRY JEKYLL'S FULL STATEMENT OF THE CASE
DECLARACIÓN COMPLETA DE HENRY JEKYLL SOBRE EL CASO
189

STORY OF THE DOOR
HISTORIA DE LA PUERTA

1.1 Mr. Utterson the lawyer was a man of a rugged countenance that was never lighted by a smile;
El señor Utterson, el abogado, era un hombre de semblante áspero que nunca se iluminaba con una sonrisa;

1.2 cold, scanty and embarrassed in discourse;
frío, escaso y vergonzoso en el discurso;

1.3 backward in sentiment;
retrógrado en sentimientos;

1.4 lean, long, dusty, dreary and yet somehow lovable.
delgado, largo, polvoriento, lúgubre y, sin embargo, de alguna manera adorable.

1.5 At friendly meetings, and when the wine was to his taste, something eminently human beaconed from his eye;
En las reuniones amistosas, y cuando el vino era de su gusto, algo eminentemente humano se desprendía de sus ojos;

something indeed which never found its way into his talk, but which spoke not only in these silent symbols of the after-dinner face, but more often and loudly in the acts of his life.

algo que, en efecto, nunca se manifestaba en su conversación, pero que hablaba no sólo en estos símbolos silenciosos del rostro después de la cena, sino más a menudo y en voz alta en los actos de su vida.

1.6

He was austere with himself; drank gin when he was alone,

Era austero consigo mismo; bebía ginebra cuando estaba solo,

1.7

to mortify a taste for vintages;

para mortificar su gusto por las añadas;

1.8

and though he enjoyed the theatre,

y aunque disfrutaba en el teatro,

1.9

had not crossed the doors of one for twenty years.

no había cruzado las puertas de uno en veinte años.

1.10

But he had an approved tolerance for others;

Pero tenía una tolerancia aprobada para con los demás;

1.11

sometimes wondering, almost with envy, at the high pressure of spirits involved in their misdeeds;

a veces se maravillaba, casi con envidia, de la alta presión de los espíritus implicada en sus fechorías;

1.12

and in any extremity inclined to help rather than to reprove.

y en cualquier extremo se inclinaba a ayudar más que a reprender.

1.13

1.14 **"I incline to Cain's heresy,"**
"Me inclino por la herejía de Caín,"

1.15 **he used to say quaintly:**
solía decir pintorescamente:

1.16 **"I let my brother go to the devil in his own way."**
"Dejo que mi hermano se vaya al diablo a su manera."

1.17 **In this character,**
Con este carácter,

1.18 **it was frequently his fortune to be the last reputable acquaintance and the last good influence in the lives of downgoing men.**
a menudo tenía la fortuna de ser el último conocido reputado y la última buena influencia en la vida de los hombres que se hundían.

1.19 **And to such as these, so long as they came about his chambers, he never marked a shade of change in his demeanour.**
Y con ellos, mientras se acercaban a sus aposentos, no cambiaba ni un ápice su comportamiento.

2.1 **No doubt the feat was easy to Mr. Utterson; for he was undemonstrative at the best, and even his friendship seemed to be founded in a similar catholicity of good-nature.**
Sin duda, la hazaña le resultó fácil al señor Utterson, ya que era poco demostrativo en el mejor de los casos, e incluso su amistad parecía cimentarse en una catolicidad similar de buen carácter.

It is the mark of a modest man to accept his friendly circle ready-made from the hands of opportunity;

2.2

Es propio de un hombre modesto aceptar su círculo amistoso ya hecho de manos de la oportunidad;

and that was the lawyer's way.

2.3

y así era el abogado.

His friends were those of his own blood or those whom he had known the longest;

2.4

Sus amigos eran los de su propia sangre o aquellos a quienes había conocido durante más tiempo;

his affections, like ivy, were the growth of time, they implied no aptness in the object.

2.5

sus afectos, como la hiedra, eran el crecimiento del tiempo, no implicaban aptitud en el objeto.

Hence, no doubt the bond that united him to Mr. Richard Enfield, his distant kinsman, the well-known man about town.

2.6

De ahí, sin duda, el vínculo que le unía al señor Richard Enfield, su pariente lejano, el hombre más conocido de la ciudad.

It was a nut to crack for many, what these two could see in each other, or what subject they could find in common.

2.7

Para muchos era un rompecabezas lo que estos dos podían ver el uno en el otro, o qué tema podían encontrar en común.

4

2.8 It was reported by those who encountered them in their Sunday walks, that they said nothing, looked singularly dull and would hail with obvious relief the appearance of a friend.

Los que los encontraban en sus paseos dominicales decían que no decían nada, que parecían singularmente aburridos y que saludaban con evidente alivio la aparición de un amigo.

2.9 For all that, the two men put the greatest store by these excursions, counted them the chief jewel of each week, and not only set aside occasions of pleasure, but even resisted the calls of business, that they might enjoy them uninterrupted.

A pesar de todo, los dos hombres daban el mayor valor a estas excursiones, las consideraban la joya principal de cada semana, y no sólo dejaban de lado las ocasiones de placer, sino que incluso resistían las llamadas de los negocios, para poder disfrutar de ellas sin interrupción.

3.1 It chanced on one of these rambles that their way led them down a by-street in a busy quarter of London.

En uno de estos paseos, el camino les condujo a una callejuela de un barrio muy concurrido de Londres.

3.2 The street was small and what is called quiet,

La calle era pequeña y lo que se dice tranquila,

3.3 but it drove a thriving trade on the weekdays.

pero tenía un comercio floreciente entre semana.

3.4 The inhabitants were all doing well, it seemed and all emulously hoping to do better still, and laying out the surplus of their grains in coquetry;

Al parecer, a todos los habitantes les iba bien, y todos esperaban con entusiasmo que les fuera aún mejor, y exponían el excedente de sus granos con coquetería;

so that the shop fronts stood along that thoroughfare with an air of invitation, 3.5
de modo que las fachadas de las tiendas se erguían a lo largo de aquella vía con un aire de invitación,

like rows of smiling saleswomen. 3.6
como hileras de vendedoras sonrientes.

Even on Sunday, when it veiled its more florid charms and lay comparatively empty of passage, the street shone out in contrast to its dingy neighbourhood, like a fire in a forest; 3.7
Incluso los domingos, cuando velaba sus encantos más floridos y estaba comparativamente vacía de transeúntes, la calle resplandecía en contraste con su lúgubre vecindario, como un incendio en un bosque;

and with its freshly painted shutters, well-polished brasses, and general cleanliness and gaiety of note, instantly caught and pleased the eye of the passenger. 3.8
y con sus contraventanas recién pintadas, sus latones bien pulidos y su limpieza y alegría general, captaba y agradaba al instante la atención del pasajero.

Two doors from one corner, on the left hand going east the line was broken by the entry of a court; 4.1
A dos puertas de una esquina, a mano izquierda en dirección este, la línea se rompía por la entrada de un patio;

and just at that point a certain sinister block of building thrust forward its gable on the street. 4.2
y justo en ese punto un siniestro bloque de edificios asomaba su frontón a la calle.

It was two storeys high; showed no window, 4.3
Tenía dos pisos de altura; no mostraba ninguna ventana,

4.4 nothing but a door on the lower storey and a blind forehead of discoloured wall on the upper;

nada más que una puerta en el piso inferior y un frente ciego de pared descolorida en el superior;

4.5 and bore in every feature,

y mostraba en cada rasgo,

4.6 the marks of prolonged and sordid negligence.

las marcas de una prolongada y sórdida negligencia.

4.7 The door, which was equipped with neither bell nor knocker, was blistered and distained.

La puerta, que no tenía ni timbre ni aldaba, estaba ampollada y en mal estado.

4.8 Tramps slouched into the recess and struck matches on the panels;

Los vagabundos se metían en el hueco y encendían cerillas en los paneles;

4.9 children kept shop upon the steps;

los niños hacían sus compras en los escalones;

4.10 the schoolboy had tried his knife on the mouldings;

el colegial había probado su navaja en las molduras;

4.11 and for close on a generation,

y durante casi una generación,

4.12 no one had appeared to drive away these random visitors or to repair their ravages.

nadie había aparecido para ahuyentar a estos visitantes fortuitos o para reparar sus estragos.

Mr. Enfield and the lawyer were on the other side of the by-street; but when they came abreast of the entry, the former lifted up his cane and pointed. 5.1

El señor Enfield y el abogado estaban al otro lado de la calle, pero cuando llegaron junto a la entrada, el primero levantó el bastón y señaló.

"Did you ever remark that door?" he asked; 6.1

"¿Has observado alguna vez esa puerta?" preguntó;

and when his companion had replied in the affirmative, "It is connected in my mind," added he, "with a very odd story." 6.2

y cuando su compañero hubo respondido afirmativamente, "Está relacionada en mi mente", añadió, "con una historia muy extraña."

"Indeed?" 7.1

"¿Ah, sí?"

said Mr. Utterson, with a slight change of voice, 7.2

dijo el Sr. Utterson, con un ligero cambio de voz,

"and what was that?" 7.3

"¿y qué era eso?"

"Well, it was this way," returned Mr. Enfield: 8.1

"Bueno, fue así", respondió el Sr. Enfield:

8.2 "I was coming home from some place at the end of the world, about three o'clock of a black winter morning, and my way lay through a part of town where there was literally nothing to be seen but lamps.

"Volvía a casa de algún lugar del fin del mundo, a eso de las tres de una negra mañana de invierno, y mi camino pasaba por una parte de la ciudad donde literalmente no se veía nada más que farolas.

8.3 Street after street and all the folks asleep — street after street, all lighted up as if for a procession and all as empty as a church — till at last I got into that state of mind when a man listens and listens and begins to long for the sight of a policeman.

Calle tras calle y toda la gente durmiendo, calle tras calle, todas iluminadas como para una procesión y todas tan vacías como una iglesia, hasta que por fin entré en ese estado de ánimo en el que un hombre escucha y escucha y empieza a desear ver a un policía.

8.4 All at once, I saw two figures:

De pronto vi dos figuras:

8.5 one a little man who was stumping along eastward at a good walk, and the other a girl of maybe eight or ten who was running as hard as she was able down a cross street.

una, un hombrecillo que avanzaba hacia el este a buen paso, y la otra, una niña de unos ocho o diez años que corría todo lo que podía por una calle transversal.

8.6 Well, sir, the two ran into one another naturally enough at the corner;

Pues bien, señor, los dos chocaron con toda naturalidad en la esquina;

and then came the horrible part of the thing;   8.7

y entonces vino la parte horrible del asunto;

for the man trampled calmly over the child's body
and left her screaming on the ground.   8.8

porque el hombre pisoteó tranquilamente el cuerpo de la
niña y la dejó gritando en el suelo.

It sounds nothing to hear, but it was hellish to see.   8.9

No suena nada oírlo, pero era infernal verlo.

It wasn't like a man; it was like some damned
Juggernaut.   8.10

No era como un hombre; era como un maldito Juggernaut.

I gave a few halloa, took to my heels, collared my
gentleman, and brought him back to where there was
already quite a group about the screaming child.   8.11

Di unos halloa, me puse sobre mis talones, atrapé a mi
caballero y lo llevé de vuelta a donde ya había un buen
grupo en torno a la niña que gritaba.

He was perfectly cool and made no resistance, but
gave me one look, so ugly that it brought out the
sweat on me like running.   8.12

Estaba perfectamente tranquilo y no opuso resistencia,
pero me lanzó una mirada tan fea que me hizo sudar como
si estuviera corriendo.

The people who had turned out were the girl's own
family;   8.13

La gente que había acudido era la propia familia de la niña;

and pretty soon, the doctor, for whom she had been
sent put in his appearance.   8.14

y muy pronto, el médico, por quien la habían enviado, hizo
acto de presencia.

8.15 Well, the child was not much the worse, more frightened, according to the sawbones;

Bueno, la niña no estaba mucho peor, más asustada, según los huesos de la sierra;

8.16 and there you might have supposed would be an end to it.

y ahí se podría haber supuesto que acabaría todo.

8.17 But there was one curious circumstance.

Pero había una circunstancia curiosa.

8.18 I had taken a loathing to my gentleman at first sight.

Yo le había tomado aversión a mi caballero a primera vista.

8.19 So had the child's family, which was only natural.

También la familia del niño, lo cual era natural.

8.20 But the doctor's case was what struck me.

Pero lo que me llamó la atención fue el caso del doctor.

8.21 He was the usual cut and dry apothecary, of no particular age and colour, with a strong Edinburgh accent and about as emotional as a bagpipe.

Era el boticario seco y cortado de siempre, sin edad ni color particulares, con un fuerte acento de Edimburgo y tan emotivo como una gaita.

8.22 Well, sir, he was like the rest of us;

Pues bien, señor, era como el resto de nosotros;

8.23 every time he looked at my prisoner,

cada vez que miraba a mi prisionero,

8.24 I saw that sawbones turn sick and white with the desire to kill him.

yo veía que ese hueso de sierra se ponía enfermo y blanco de ganas de matarlo.

11

I knew what was in his mind, just as he knew what was in mine; and killing being out of the question, we did the next best.

8.25

Yo sabía lo que tenía en la cabeza, igual que él sabía lo que tenía en la mía.

We told the man we could and would make such a scandal out of this as should make his name stink from one end of London to the other.

8.26

Le dijimos que podíamos hacer y haríamos tal escándalo que su nombre apestaría de un extremo a otro de Londres.

If he had any friends or any credit,

8.27

Si tenía amigos o algún crédito,

we undertook that he should lose them.

8.28

nos comprometimos a que los perdiera.

And all the time, as we were pitching it in red hot, we were keeping the women off him as best we could for they were as wild as harpies.

8.29

Y todo el tiempo, mientras lo lanzábamos al rojo vivo, manteníamos a las mujeres alejadas de él lo mejor que podíamos, pues eran tan salvajes como arpías.

I never saw a circle of such hateful faces;

8.30

Nunca vi un círculo de caras tan odiosas;

and there was the man in the middle, with a kind of black sneering coolness — frightened too, I could see that — but carrying it off, sir, really like Satan.

8.31

y allí estaba el hombre en el centro, con una especie de frialdad negra y burlona - atemorizado también, podía verlo-, pero llevándolo, señor, realmente como Satanás.

8.32 'If you choose to make capital out of this accident,'
said he, 'I am naturally helpless.
'Si usted decide sacar provecho de este accidente - dijo-,
naturalmente no puedo hacer nada.

8.33 No gentleman but wishes to avoid a scene,' says he.
Ningún caballero desea evitar una escena,' dijo.

8.34 'Name your figure.' Well,
'Nombre su figura.' Bueno,

8.35 we screwed him up to a hundred pounds for the
child's family;
le dimos cien libras para la familia del niño;

8.36 he would have clearly liked to stick out;
claramente le hubiera gustado quedarse fuera;

8.37 but there was something about the lot of us that
meant mischief,
pero había algo en nosotros que quería hacer daño,

8.38 and at last he struck. The next thing was to get the
money;
y al final golpeó. Lo siguiente era conseguir el dinero;

8.39 and where do you think he carried us but to that place
with the door?
y ¿dónde cree usted que nos llevó sino a aquel lugar con la
puerta?

— whipped out a key, went in, and presently came back with the matter of ten pounds in gold and a cheque for the balance on Coutts's, drawn payable to bearer and signed with a name that I can't mention, though it's one of the points of my story, but it was a name at least very well known and often printed. 8.40

Sacó una llave, entró y al momento volvió con diez libras en oro y un cheque por el resto a nombre de Coutts, librado al portador y firmado con un nombre que no puedo mencionar, aunque es uno de los puntos de mi historia, pero era un nombre al menos muy conocido y a menudo impreso.

The figure was stiff; 8.41

La cifra era rígida;

but the signature was good for more than that if it was only genuine. 8.42

pero la firma daba para más si sólo era auténtica.

I took the liberty of pointing out to my gentleman that the whole business looked apocryphal, and that a man does not, in real life, walk into a cellar door at four in the morning and come out with another man's cheque for close upon a hundred pounds. 8.43

Me tomé la libertad de señalar a mi caballero que todo el asunto parecía apócrifo y que, en la vida real, un hombre no entra por la puerta de un sótano a las cuatro de la mañana y sale con el cheque de otro hombre por cerca de cien libras.

But he was quite easy and sneering. 8.44

Pero se mostró muy tranquilo y burlón.

'Set your mind at rest,' says he, 'I will stay with you till the banks open and cash the cheque myself.' 8.45

Tranquilícese", dijo, "me quedaré con usted hasta que abran los bancos y cobraré el cheque yo mismo."

14

8.46 So we all set off, the doctor, and the child's father, and our friend and myself, and passed the rest of the night in my chambers;
Así que nos fuimos todos, el médico, el padre del niño, nuestro amigo y yo, y pasamos el resto de la noche en mi habitación;

8.47 and next day, when we had breakfasted, went in a body to the bank.
y al día siguiente, cuando hubimos desayunado, fuimos todos juntos al banco.

8.48 I gave in the cheque myself, and said I had every reason to believe it was a forgery.
Yo mismo entregué el cheque y dije que tenía motivos para creer que era falso.

8.49 Not a bit of it. The cheque was genuine."
Nada de eso. El cheque era auténtico."

9.1 "Tut-tut!" said Mr. Utterson.
"¡Tut-tut!" dijo el señor Utterson.

10.1 "I see you feel as I do," said Mr. Enfield. "Yes,
"Veo que piensa como yo," dijo el señor Enfield. "Sí,

10.2 it's a bad story.
es una mala historia.

10.3 For my man was a fellow that nobody could have to do with,
Porque mi hombre era un tipo con el que nadie podía tener nada que ver,

10.4 a really damnable man;
un hombre realmente condenable;

and the person that drew the cheque is the very pink 10.5
of the proprieties, celebrated too, and (what makes
it worse) one of your fellows who do what they call
good.

y la persona que extendió el cheque es la flor y nata de las
buenas costumbres, célebre además, y (lo que lo hace peor)
uno de sus compañeros que hacen lo que llaman el bien.

Blackmail, I suppose; 10.6

Chantaje, supongo;

an honest man paying through the nose for some of 10.7
the capers of his youth.

un hombre honesto pagando por la nariz por algunas de las
travesuras de su juventud.

Black Mail House is what I call the place with the 10.8
door,

Black Mail House es lo que yo llamo el lugar con la puerta,

in consequence. 10.9

en consecuencia.

Though even that, you know, is far from explaining 10.10
all," he added, and with the words fell into a vein of
musing.

Aunque incluso eso, como usted sabe, está lejos de
explicarlo todo - añadió, y con estas palabras se sumió
en una vena de meditación.

From this he was recalled by Mr. Utterson asking 11.1
rather suddenly:

El Sr. Utterson le preguntó de repente:

"And you don't know if the drawer of the cheque lives 11.2
there?"

"¿Y no sabe si el librador del cheque vive allí?"

12.1 "A likely place, isn't it?" returned Mr. Enfield.
"Un lugar probable, ¿no?" respondió el Sr. Enfield.

12.2 "But I happen to have noticed his address;
"Pero resulta que me he fijado en su dirección;

12.3 he lives in some square or other."
vive en una plaza u otra."

13.1 "And you never asked about the — place with the door?"
"¿Y nunca preguntó por el lugar de la puerta?"

13.2 said Mr. Utterson.
dijo el señor Utterson.

14.1 "No, sir; I had a delicacy," was the reply.
"No, señor; tuve una delicadeza," fue la respuesta.

14.2 "I feel very strongly about putting questions;
"Me da mucha pena hacer preguntas;

14.3 it partakes too much of the style of the day of judgment.
se parece demasiado al estilo del día del juicio.

14.4 You start a question, and it's like starting a stone.
Empiezas una pregunta, y es como empezar una piedra.

You sit quietly on the top of a hill; and away the stone goes, starting others; and presently some bland old bird (the last you would have thought of) is knocked on the head in his own back garden and the family have to change their name. 14.5

Te sientas tranquilamente en la cima de una colina, y la piedra se aleja, provocando otras, y de repente algún viejo pájaro anodino (el último en el que habrías pensado) es golpeado en la cabeza en su propio jardín trasero y la familia tiene que cambiarse el nombre.

No sir, I make it a rule of mine: 14.6

No señor, tengo por norma:

the more it looks like Queer Street, the less I ask." 14.7

cuanto más se parece a la calle Queer, menos pregunto."

"A very good rule, too," said the lawyer. 15.1

"Una regla muy buena, además", dijo el abogado.

"But I have studied the place for myself," 16.1

"Pero he estudiado el lugar por mí mismo,"

continued Mr. Enfield. "It seems scarcely a house. 16.2

continuó el señor Enfield. "Apenas parece una casa.

There is no other door, and nobody goes in or out of that one but, once in a great while, the gentleman of my adventure. 16.3

No hay otra puerta, y nadie entra ni sale por ella, salvo, de vez en cuando, el caballero de mi aventura.

There are three windows looking on the court on the first floor; 16.4

Hay tres ventanas que dan al patio en el primer piso;

16.5 none below;
ninguna abajo;

16.6 the windows are always shut but they're clean.
las ventanas están siempre cerradas, pero limpias.

16.7 And then there is a chimney which is generally smoking;
Y luego hay una chimenea que generalmente está humeando;

16.8 so somebody must live there.
así que alguien debe vivir allí.

16.9 And yet it's not so sure;
Y, sin embargo, no es tan seguro;

16.10 for the buildings are so packed together about the court,
porque los edificios están tan apiñados alrededor del patio,

16.11 that it's hard to say where one ends and another begins."
que es difícil decir dónde acaba uno y empieza otro."

17.1 The pair walked on again for a while in silence;
La pareja volvió a caminar un rato en silencio;

17.2 and then "Enfield," said Mr. Utterson, "that's a good rule of yours."
y entonces "Enfield", dijo el señor Utterson, "esa es una buena regla tuya."

18.1 "Yes, I think it is," returned Enfield.
"Sí, creo que sí", respondió Enfield.

"But for all that," continued the lawyer, "there's one point I want to ask.

19.1

"Pero por todo eso", continuó el abogado, "hay un punto que quiero preguntar.

I want to ask the name of that man who walked over the child."

19.2

Quiero preguntar el nombre de ese hombre que pasó por encima del niño."

"Well," said Mr. Enfield, "I can't see what harm it would do.

20.1

"Bueno", dijo el Sr. Enfield, "no veo qué daño podría hacer.

It was a man of the name of Hyde."

20.2

Era un hombre llamado Hyde."

"Hm," said Mr. Utterson.

21.1

"Hm," dijo el Sr. Utterson.

"What sort of a man is he to see?"

21.2

"¿Qué clase de hombre es para ver?"

"He is not easy to describe.

22.1

"No es fácil describirlo.

There is something wrong with his appearance;

22.2

Hay algo malo en su aspecto;

something displeasing, something down-right detestable.

22.3

algo desagradable, algo francamente detestable.

22.4 **I never saw a man I so disliked, and yet I scarce know why.**
Nunca había visto un hombre que me desagradara tanto y, sin embargo, apenas sé por qué.

22.5 **He must be deformed somewhere;**
Debe de estar deformado en alguna parte;

22.6 **he gives a strong feeling of deformity,**
da una fuerte sensación de deformidad,

22.7 **although I couldn't specify the point.**
aunque no sabría precisar el punto.

22.8 **He's an extraordinary looking man, and yet I really can name nothing out of the way.**
Es un hombre de aspecto extraordinario y, sin embargo, no puedo nombrar nada fuera de lo común.

22.9 **No, sir; I can make no hand of it; I can't describe him.**
No, señor; no puedo hacer mano de él; no puedo describirlo.

22.10 **And it's not want of memory;**
Y no es falta de memoria;

22.11 **for I declare I can see him this moment."**
pues declaro que puedo verle en este momento."

23.1 **Mr. Utterson again walked some way in silence and obviously under a weight of consideration.**
El señor Utterson volvió a caminar un trecho en silencio y, evidentemente, bajo el peso de la reflexión.

23.2 **"You are sure he used a key?" he inquired at last.**
"¿Está seguro de que utilizó una llave?" preguntó al fin.

"My dear sir ..." began Enfield, 24.1

"Mi querido señor ..." comenzó Enfield,

surprised out of himself. 24.2

sorprendido fuera de sí.

"Yes, I know," said Utterson; "I know it must seem 25.1
strange.

"Sí, lo sé - dijo Utterson-; sé que le parecerá extraño.

The fact is, if I do not ask you the name of the other 25.2
party, it is because I know it already.

Lo cierto es que si no te pregunto el nombre de la otra parte
es porque ya lo sé.

You see, Richard, your tale has gone home. 25.3

Ya ves, Richard, tu historia ha llegado a casa.

If you have been inexact in any point you had better 25.4
correct it."

Si has sido inexacto en algún punto será mejor que lo
corrijas."

"I think you might have warned me," 26.1

"Creo que podías haberme avisado,"

returned the other with a touch of sullenness. 26.2

respondió el otro con un toque de hosquedad.

"But I have been pedantically exact, as you call it. 26.3

"Pero he sido pedantemente exacto, como usted dice.

The fellow had a key; and what's more, he has it still. 26.4

El tipo tenía una llave; y lo que es más, todavía la tiene.

26.5 I saw him use it not a week ago."

Le vi usarla no hace ni una semana."

27.1 Mr. Utterson sighed deeply but said never a word; and the young man presently resumed.

El señor Utterson suspiró profundamente, pero no dijo ni una palabra.

27.2 "Here is another lesson to say nothing," said he.

"He aquí otra lección para no decir nada," dijo.

27.3 "I am ashamed of my long tongue.

"Me avergüenzo de mi larga lengua.

27.4 Let us make a bargain never to refer to this again."

Hagamos un trato para no volver a referirnos a esto."

28.1 "With all my heart," said the lawyer.

"De todo corazón," dijo el abogado.

28.2 "I shake hands on that, Richard."

"Te doy la mano en eso, Richard."

SEARCH FOR MR. HYDE

BÚSQUEDA DEL SR. HYDE

1.1 That evening Mr. Utterson came home to his bachelor house in sombre spirits and sat down to dinner without relish.

Aquella noche, el señor Utterson regresó a su casa de soltero con ánimo sombrío y se sentó a cenar sin ganas.

1.2 It was his custom of a Sunday, when this meal was over, to sit close by the fire, a volume of some dry divinity on his reading desk, until the clock of the neighbouring church rang out the hour of twelve, when he would go soberly and gratefully to bed.

Era su costumbre de los domingos, cuando terminaba la cena, sentarse junto al fuego, con un volumen de alguna seca divinidad sobre su escritorio de lectura, hasta que el reloj de la iglesia vecina tocaba la hora de las doce, momento en que se iba sobria y agradecidamente a la cama.

1.3 On this night however, as soon as the cloth was taken away, he took up a candle and went into his business room.

Aquella noche, sin embargo, en cuanto se llevó el paño, cogió una vela y entró en su despacho.

There he opened his safe, 1.4
Allí abrió su caja fuerte,

took from the most private part of it a document 1.5
endorsed on the envelope as Dr. Jekyll's Will and sat
down with a clouded brow to study its contents.
sacó de la parte más privada de la misma un documento
endosado en el sobre como Testamento del doctor Jekyll y
se sentó con el ceño nublado a estudiar su contenido.

The will was holograph, for Mr. Utterson though he 1.6
took charge of it now that it was made, had refused to
lend the least assistance in the making of it;
El testamento era hológrafo, porque el señor Utterson,
aunque se había hecho cargo de él ahora que estaba hecho,
se había negado a prestar la menor ayuda en su redacción;

it provided not only that, 1.7
en él se disponía no sólo que,

in case of the decease of Henry Jekyll, M.D., 1.8
en caso de fallecimiento de Henry Jekyll, M.D.,

D.C.L., L.L.D., F.R.S., etc., 1.9
D.C.L., L.L.D., F.R.S., etc.,

all his possessions were to pass into the hands of his 1.10
todas sus posesiones pasarían a manos de su

"friend and benefactor Edward Hyde," 1.11
"amigo y benefactor Edward Hyde,"

but that in case of Dr. Jekyll's "disappearance or 1.12
unexplained absence for any period exceeding three
calendar months,"
pero en caso de "desaparición o ausencia inexplicable
del Dr. Jekyll durante un período superior a tres meses
naturales,"

1.13 the said Edward Hyde should step into the said Henry Jekyll's shoes without further delay and free from any burthen or obligation beyond the payment of a few small sums to the members of the doctor's household.

el citado Edward Hyde ocuparía el lugar de Henry Jekyll sin más demora y libre de cualquier carga u obligación más allá del pago de unas pequeñas sumas a los miembros de la casa del doctor.

1.14 This document had long been the lawyer's eyesore.

Este documento había sido durante mucho tiempo la pesadilla del abogado.

1.15 It offended him both as a lawyer and as a lover of the sane and customary sides of life,

Le ofendía como abogado y como amante de los aspectos sensatos y habituales de la vida,

1.16 to whom the fanciful was the immodest.

para quien lo extravagante era inmodesto.

1.17 And hitherto it was his ignorance of Mr. Hyde that had swelled his indignation;

Y hasta entonces había sido su ignorancia del señor Hyde lo que había aumentado su indignación;

1.18 now, by a sudden turn, it was his knowledge.

ahora, por un giro repentino, era su conocimiento.

1.19 It was already bad enough when the name was but a name of which he could learn no more.

Ya era bastante malo cuando el nombre no era más que un nombre del que no podía saber nada más.

It was worse when it began to be clothed upon with detestable attributes;   1.20

Peor era cuando empezaba a revestirse de atributos detestables;

and out of the shifting, insubstantial mists that had so long baffled his eye, there leaped up the sudden, definite presentment of a fiend.   1.21

y de las brumas movedizas e insustanciales que durante tanto tiempo habían desconcertado su vista, surgió la presentación repentina y definida de un demonio.

"I thought it was madness," he said, as he replaced the obnoxious paper in the safe, "and now I begin to fear it is disgrace."   2.1

"Creía que era una locura", dijo, mientras volvía a guardar el odioso papel en la caja fuerte, "y ahora empiezo a temer que sea una desgracia."

With that he blew out his candle, put on a greatcoat, and set forth in the direction of Cavendish Square, that citadel of medicine, where his friend, the great Dr. Lanyon, had his house and received his crowding patients.   3.1

Con esto apagó la vela, se puso un gabán y salió en dirección a Cavendish Square, esa ciudadela de la medicina, donde su amigo, el gran doctor Lanyon, tenía su casa y recibía a sus atestados pacientes.

"If anyone knows, it will be Lanyon," he had thought.   3.2

"Si alguien lo sabe, será Lanyon", había pensado.

The solemn butler knew and welcomed him;   4.1

El solemne mayordomo lo conoció y le dio la bienvenida;

4.2 he was subjected to no stage of delay, but ushered direct from the door to the dining-room where Dr. Lanyon sat alone over his wine.

no sufrió ninguna demora, sino que fue conducido directamente desde la puerta al comedor, donde el doctor Lanyon estaba sentado solo tomando su vino.

4.3 This was a hearty, healthy, dapper, red-faced gentleman, with a shock of hair prematurely white, and a boisterous and decided manner.

Se trataba de un caballero corpulento, sano, atildado, pelirrojo, con una cabellera prematuramente blanca y maneras bulliciosas y decididas.

4.4 At sight of Mr. Utterson,

Al ver al señor Utterson,

4.5 he sprang up from his chair and welcomed him with both hands.

se levantó de un salto de la silla y le dio la bienvenida con ambas manos.

4.6 The geniality, as was the way of the man, was somewhat theatrical to the eye; but it reposed on genuine feeling.

La cordialidad, como era costumbre en aquel hombre, resultaba algo teatral a la vista, pero se basaba en un sentimiento genuino.

For these two were old friends, old mates both at 4.7
school and college, both thorough respectors of
themselves and of each other, and what does not
always follow, men who thoroughly enjoyed each
other's company.

Aquellos dos eran viejos amigos, antiguos compañeros de
colegio y de universidad, ambos se respetaban a sí mismos
y se respetaban mutuamente y, lo que no siempre ocurre,
eran hombres que disfrutaban plenamente de la compañía
del otro.

After a little rambling talk, 5.1

Tras una charla incoherente,

the lawyer led up to the subject which so disagreeably 5.2
preoccupied his mind.

el abogado abordó el tema que tan desagradablemente le
preocupaba.

"I suppose, Lanyon," said he, "you and I must be the 6.1
two oldest friends that Henry Jekyll has."

"Supongo, Lanyon", dijo, "que tú y yo debemos ser los dos
amigos más antiguos que tiene Henry Jekyll."

"I wish the friends were younger," chuckled Dr. 7.1
Lanyon.

"Ojalá los amigos fueran más jóvenes," rió el Dr. Lanyon.

"But I suppose we are. And what of that? 7.2

"Pero supongo que lo somos. ¿Y qué hay de eso?

I see little of him now." 7.3

Lo veo poco ahora."

8.1   "Indeed?" said Utterson.

"¿Ah, sí?" dijo Utterson.

8.2   "I thought you had a bond of common interest."

"Pensé que tenían un vínculo de interés común."

9.1   "We had," was the reply.

"Teníamos," fue la respuesta.

9.2   "But it is more than ten years since Henry Jekyll became too fanciful for me.

"Pero hace más de diez años que Henry Jekyll se volvió demasiado fantasioso para mí.

9.3   He began to go wrong, wrong in mind;

Empezó a ir mal, mal de la cabeza;

9.4   and though of course I continue to take an interest in him for old sake's sake, as they say, I see and I have seen devilish little of the man.

y aunque, por supuesto, sigo interesándome por él por amor a los viejos tiempos, como suele decirse, veo y he visto muy poco del hombre.

9.5   Such unscientific balderdash," added the doctor, flushing suddenly purple, "would have estranged Damon and Pythias."

Semejantes tonterías acientíficas - añadió el doctor, enrojeciendo repentinamente de color púrpura - habrían distanciado a Damon y a Pythias."

10.1   This little spirit of temper was somewhat of a relief to Mr. Utterson.

Este pequeño cambio de humor fue un alivio para el señor Utterson.

"They have only differed on some point of science,"   10.2
"Sólo han discrepado en algún punto de ciencia,"

he thought;   10.3
pensó;

and being a man of no scientific passions (except in   10.4
the matter of conveyancing),
y como no era hombre de pasiones científicas (excepto en
materia de transmisiones),

he even added: "It is nothing worse than that!"   10.5
incluso añadió: "¡No es nada peor que eso!"

He gave his friend a few seconds to recover his   10.6
composure,
Dio unos segundos a su amigo para que recobrara la
compostura,

and then approached the question he had come to   10.7
put.
y luego abordó la cuestión que había venido a plantear.

"Did you ever come across a protégé of his — one   10.8
Hyde?"
"¿Te encontraste alguna vez con un protegido suyo, un tal
Hyde?"

he asked.   10.9
preguntó.

"Hyde?" repeated Lanyon. "No. Never heard of him.   11.1
"¿Hyde?" repitió Lanyon. "No. Nunca he oído hablar de él.

Since my time."   11.2
Desde mis tiempos."

12.1 That was the amount of information that the lawyer carried back with him to the great, dark bed on which he tossed to and fro, until the small hours of the morning began to grow large.

Ésa fue la cantidad de información que el abogado se llevó a la gran y oscura cama en la que se revolvió de un lado a otro hasta que la madrugada empezó a hacerse larga.

12.2 It was a night of little ease to his toiling mind,

Fue una noche de poca tranquilidad para su mente trabajadora,

12.3 toiling in mere darkness and besieged by questions.

trabajando en la oscuridad y asediada por preguntas.

13.1 Six o'clock struck on the bells of the church that was so conveniently near to Mr. Utterson's dwelling,

Dieron las seis de la tarde en las campanas de la iglesia que estaba tan convenientemente cerca de la casa del señor Utterson,

13.2 and still he was digging at the problem.

y él seguía escarbando en el problema.

13.3 Hitherto it had touched him on the intellectual side alone;

Hasta entonces sólo le había tocado el lado intelectual;

13.4 but now his imagination also was engaged,

pero ahora su imaginación también estaba ocupada,

13.5 or rather enslaved;

o más bien esclavizada;

and as he lay and tossed in the gross darkness of the night and the curtained room,   13.6

y mientras yacía y daba vueltas en la oscuridad de la noche y la habitación con cortinas,

Mr. Enfield's tale went by before his mind in a scroll of lighted pictures.   13.7

la historia del señor Enfield pasaba ante su mente en un pergamino de imágenes iluminadas.

He would be aware of the great field of lamps of a nocturnal city;   13.8

Veía el gran campo de lámparas de una ciudad nocturna;

then of the figure of a man walking swiftly;   13.9

luego, la figura de un hombre que caminaba velozmente;

then of a child running from the doctor's;   13.10

luego, la de una niña que huía de la consulta del médico;

and then these met,   13.11

y entonces se encontraban,

and that human Juggernaut trod the child down and passed on regardless of her screams.   13.12

y aquel Juggernaut humano pisoteaba a la niña y seguía adelante sin importarle sus gritos.

Or else he would see a room in a rich house, where his friend lay asleep, dreaming and smiling at his dreams;   13.13

O bien veía una habitación en una casa rica, donde su amigo yacía dormido, soñando y sonriendo a sus sueños;

13.14 and then the door of that room would be opened, the curtains of the bed plucked apart, the sleeper recalled, and lo!

y entonces se abría la puerta de aquella habitación, se descorrían las cortinas de la cama, el durmiente volvía en sí, y ¡he aquí!

13.15 there would stand by his side a figure to whom power was given, and even at that dead hour, he must rise and do its bidding.

se erguía a su lado una figura a la que se le había dado poder, e incluso en aquella hora muerta, debía levantarse y cumplir sus órdenes.

13.16 The figure in these two phases haunted the lawyer all night;

La figura, en estas dos fases, persiguió al abogado toda la noche;

13.17 and if at any time he dozed over, it was but to see it glide more stealthily through sleeping houses, or move the more swiftly and still the more swiftly, even to dizziness, through wider labyrinths of lamplighted city, and at every street corner crush a child and leave her screaming.

y si en algún momento se quedaba dormido, era sólo para verla deslizarse más sigilosamente por las casas dormidas, o moverse más rápida y aún más rápida, hasta el vértigo, por los amplios laberintos de la ciudad iluminada por las luces, y en cada esquina aplastar a una niña y dejarla gritando.

13.18 And still the figure had no face by which he might know it;

Y aun así la figura no tenía un rostro por el que pudiera reconocerla;

even in his dreams, it had no face, or one that baffled   13.19
him and melted before his eyes;

ni siquiera en sus sueños tenía un rostro, o uno que lo
desconcertara y se derritiera ante sus ojos;

and thus it was that there sprang up and grew apace   13.20
in the lawyer's mind a singularly strong, almost an
inordinate, curiosity to behold the features of the
real Mr. Hyde.

y así fue como surgió y creció rápidamente en la mente
del abogado una curiosidad singularmente fuerte, casi
desmesurada, por contemplar los rasgos del verdadero
señor Hyde.

If he could but once set eyes on him, he thought the   13.21
mystery would lighten and perhaps roll altogether
away, as was the habit of mysterious things when
well examined.

Pensó que si le veía una vez, el misterio se aclararía y tal vez
se disiparía por completo, como suele ocurrir con las cosas
misteriosas cuando se examinan bien.

He might see a reason for his friend's strange   13.22
preference or bondage (call it which you please) and
even for the startling clause of the will.

Podría ver una razón para la extraña preferencia o
esclavitud (llámese como se quiera) de su amigo e incluso
para la sorprendente cláusula del testamento.

At least it would be a face worth seeing: 13.23

Al menos sería un rostro digno de verse:

the face of a man who was without bowels of mercy: 13.24

el rostro de un hombre que carecía de entrañas de piedad:

13.25   a face which had but to show itself to raise up, in the mind of the unimpressionable Enfield, a spirit of enduring hatred.

un rostro que no tenía más que mostrarse para suscitar, en la mente del impresentable Enfield, un espíritu de odio perdurable.

14.1   From that time forward,

A partir de ese momento,

14.2   Mr. Utterson began to haunt the door in the by-street of shops.

el Sr. Utterson empezó a rondar la puerta de la calle de tiendas.

14.3   In the morning before office hours, at noon when business was plenty and time scarce, at night under the face of the fogged city moon, by all lights and at all hours of solitude or concourse, the lawyer was to be found on his chosen post.

Por la mañana antes de las horas de oficina, al mediodía cuando los negocios eran abundantes y el tiempo escaso, por la noche bajo la cara de la luna empañada de la ciudad, con todas las luces y a todas horas de soledad o de concurrencia, se encontraba al abogado en su puesto elegido.

15.1   "If he be Mr. Hyde," he had thought, "I shall be Mr. Seek."

"Si él es el Sr. Hyde", había pensado, "yo seré el Sr. Seek."

16.1   And at last his patience was rewarded.

Y por fin su paciencia se vio recompensada.

16.2   It was a fine dry night; frost in the air;

Era una noche seca y agradable; el aire estaba helado;

the streets as clean as a ballroom floor; 16.3

las calles tan limpias como el suelo de un salón de baile;

the lamps, unshaken by any wind, drawing a regular 16.4
pattern of light and shadow.

las lámparas, sin que las moviera el viento, dibujaban un
patrón regular de luces y sombras.

By ten o'clock, when the shops were closed, the by- 16.5
street was very solitary and, in spite of the low growl
of London from all round, very silent.

A las diez, cuando las tiendas estaban cerradas, la calle
estaba muy solitaria y, a pesar del bajo gruñido de Londres,
muy silenciosa.

Small sounds carried far; 16.6

Los sonidos pequeños llegaban lejos;

domestic sounds out of the houses were clearly 16.7
audible on either side of the roadway;

los sonidos domésticos de las casas se oían claramente a
ambos lados de la calzada;

and the rumour of the approach of any passenger 16.8
preceded him by a long time.

y el rumor de la llegada de algún pasajero le precedía por
mucho tiempo.

Mr. Utterson had been some minutes at his post, 16.9

El señor Utterson llevaba algunos minutos en su puesto,

when he was aware of an odd light footstep drawing 16.10
near.

cuando se dio cuenta de que se acercaban unos pasos ligeros
y extraños.

16.11 In the course of his nightly patrols, he had long grown accustomed to the quaint effect with which the footfalls of a single person, while he is still a great way off, suddenly spring out distinct from the vast hum and clatter of the city.

En el curso de sus patrullas nocturnas, hacía tiempo que se había acostumbrado al curioso efecto con que las pisadas de una sola persona, cuando todavía está muy lejos, se distinguen de repente del vasto zumbido y estrépito de la ciudad.

16.12 Yet his attention had never before been so sharply and decisively arrested;

Sin embargo, su atención nunca había sido tan aguda y decisivamente detenida;

16.13 and it was with a strong, superstitious prevision of success that he withdrew into the entry of the court.

y fue con una fuerte y supersticiosa previsión de éxito que se retiró a la entrada de la corte.

17.1 The steps drew swiftly nearer, and swelled out suddenly louder as they turned the end of the street.

Los pasos se acercaron rápidamente y se hicieron más fuertes al llegar al final de la calle.

17.2 The lawyer, looking forth from the entry, could soon see what manner of man he had to deal with.

El abogado, que miraba desde la entrada, pronto pudo ver con qué clase de hombre tenía que tratar.

17.3 He was small and very plainly dressed and the look of him, even at that distance, went somehow strongly against the watcher's inclination.

Era pequeño y vestía muy sencillamente, y su aspecto, incluso a esa distancia, iba de algún modo en contra de la inclinación del observador.

But he made straight for the door, crossing the
roadway to save time; and as he came, he drew a
key from his pocket like one approaching home.

17.4

Pero se dirigió directamente a la puerta, cruzando la
calzada para ganar tiempo, y al llegar sacó una llave del
bolsillo como quien se acerca a casa.

Mr. Utterson stepped out and touched him on the
shoulder as he passed.

18.1

El Sr. Utterson salió y le tocó el hombro al pasar.

"Mr. Hyde, I think?"

18.2

"¿Sr. Hyde, creo?"

Mr. Hyde shrank back with a hissing intake of the
breath.

19.1

El señor Hyde retrocedió con una sibilante inspiración.

But his fear was only momentary; and though he did
not look the lawyer in the face, he answered coolly
enough:

19.2

Pero su miedo fue sólo momentáneo y, aunque no miró al
abogado a la cara, respondió con suficiente frialdad:

"That is my name. What do you want?"

19.3

"Ése es mi nombre. ¿Qué desea?"

"I see you are going in," returned the lawyer.

20.1

"Veo que va a entrar - respondió el abogado-.

20.2 "I am an old friend of Dr. Jekyll's — Mr. Utterson of Gaunt Street — you must have heard of my name; and meeting you so conveniently, I thought you might admit me."

"Soy un viejo amigo del doctor Jekyll, el señor Utterson, de Gaunt Street; seguro que le suena mi nombre; y al encontrarme con usted tan oportunamente, pensé que podría admitirme."

21.1 "You will not find Dr. Jekyll;

"No encontrará al doctor Jekyll;

21.2 he is from home," replied Mr. Hyde, blowing in the key.

no está en casa", respondió el señor Hyde, soplando en la llave.

21.3 And then suddenly, but still without looking up,

Y de pronto, pero sin levantar la vista,

21.4 "How did you know me?" he asked.

"¿Cómo me conociste?" preguntó.

22.1 "On your side," said Mr. Utterson "will you do me a favour?"

"Por su parte", dijo el Sr. Utterson, "¿me haría un favor?"

23.1 "With pleasure," replied the other. "What shall it be?"

"Con mucho gusto," respondió el otro. "¿Qué será?"

24.1 "Will you let me see your face?" asked the lawyer.

"¿Me dejará ver su cara?" preguntó el abogado.

Mr. Hyde appeared to hesitate, and then, as if upon some sudden reflection, fronted about with an air of defiance;

25.1

El señor Hyde pareció vacilar, y luego, como si hubiera reflexionado de repente, se echó hacia delante con aire desafiante;

and the pair stared at each other pretty fixedly for a few seconds.

25.2

y ambos se miraron fijamente durante unos segundos.

"Now I shall know you again," said Mr. Utterson.

25.3

"Ahora volveré a conocerle," dijo el señor Utterson.

"It may be useful."

25.4

"Puede ser útil."

"Yes," returned Mr. Hyde, "It is as well we have met;

26.1

"Sí", respondió el señor Hyde, "menos mal que nos conocemos;

and à propos, you should have my address."

26.2

y a propósito, debería tener mi dirección."

And he gave a number of a street in Soho.

26.3

Y le dio el número de una calle del Soho.

"Good God!" thought Mr. Utterson,

27.1

"¡Dios santo!" pensó el señor Utterson,

"can he, too, have been thinking of the will?"

27.2

"¿puede haber estado pensando él también en el testamento?"

27.3 But he kept his feelings to himself and only grunted in acknowledgment of the address.

Pero se guardó sus sentimientos y se limitó a gruñir en señal de agradecimiento.

28.1 "And now," said the other, "how did you know me?"

"Y ahora", dijo el otro, "¿cómo me conociste?"

29.1 "By description," was the reply.

"Por descripción," fue la respuesta.

30.1 "Whose description?"

"¿La descripción de quién?"

31.1 "We have common friends," said Mr. Utterson.

"Tenemos amigos comunes," dijo el Sr. Utterson.

32.1 "Common friends," echoed Mr. Hyde, a little hoarsely.

"Amigos comunes", se hizo eco el Sr. Hyde, un poco ronco.

32.2 "Who are they?"

"¿Quiénes son?"

33.1 "Jekyll, for instance," said the lawyer.

"Jekyll, por ejemplo", dijo el abogado.

34.1 "He never told you," cried Mr. Hyde, with a flush of anger.

"Nunca te lo dijo", gritó el señor Hyde, con un rubor de ira.

34.2 "I did not think you would have lied."

"No creí que hubiera mentido."

"Come," said Mr. Utterson, "that is not fitting language." 35.1

"Vamos", dijo el Sr. Utterson, "ese no es un lenguaje apropiado."

The other snarled aloud into a savage laugh; 36.1

El otro gruñó en voz alta soltando una carcajada salvaje;

and the next moment, with extraordinary quickness, he had unlocked the door and disappeared into the house. 36.2

y al momento siguiente, con extraordinaria rapidez, había abierto la puerta y desaparecido dentro de la casa.

The lawyer stood awhile when Mr. Hyde had left him, the picture of disquietude. 37.1

Cuando el señor Hyde se hubo marchado, el abogado permaneció un rato de pie, con la imagen de la inquietud.

Then he began slowly to mount the street, pausing every step or two and putting his hand to his brow like a man in mental perplexity. 37.2

Luego comenzó a subir lentamente por la calle, deteniéndose cada uno o dos pasos y llevándose la mano a la frente, como un hombre sumido en la perplejidad mental.

The problem he was thus debating as he walked, was one of a class that is rarely solved. 37.3

El problema que estaba debatiendo mientras caminaba era de los que rara vez se resuelven.

37.4 Mr. Hyde was pale and dwarfish, he gave an impression of deformity without any nameable malformation, he had a displeasing smile, he had borne himself to the lawyer with a sort of murderous mixture of timidity and boldness, and he spoke with a husky, whispering and somewhat broken voice;

El señor Hyde era pálido y enano, daba una impresión de deformidad sin ninguna malformación identificable, tenía una sonrisa desagradable, se había presentado ante el abogado con una especie de mezcla asesina de timidez y audacia, y hablaba con una voz ronca, susurrante y algo quebrada;

37.5 all these were points against him, but not all of these together could explain the hitherto unknown disgust, loathing and fear with which Mr. Utterson regarded him.

todos estos eran puntos en su contra, pero no todos ellos juntos podían explicar la repugnancia, la aversión y el miedo hasta entonces desconocidos con que le miraba el señor Utterson.

37.6 "There must be something else,"

"Tiene que haber algo más,"

37.7 said the perplexed gentleman. "There is something more,

dijo el perplejo caballero. "Hay algo más,

37.8 if I could find a name for it. God bless me,

si pudiera encontrarle un nombre. Dios me bendiga,

37.9 the man seems hardly human! Something troglodytic,

¡el hombre parece apenas humano! ¿Algo troglodita,

37.10 shall we say? or can it be the old story of Dr. Fell?

digamos? o ¿puede ser la vieja historia del doctor Fell?

or is it the mere radiance of a foul soul that thus transpires through, and transfigures, its clay continent?

37.11

o ¿es el mero resplandor de un alma asquerosa que así transpira y transfigura su continente de arcilla?

The last, I think;

37.12

Lo último, creo;

for, O my poor old Harry Jekyll, if ever I read Satan's signature upon a face, it is on that of your new friend."

37.13

porque, oh mi pobre y viejo Harry Jekyll, si alguna vez he leído la firma de Satanás en un rostro, es en el de tu nuevo amigo."

Round the corner from the by-street, there was a square of ancient, handsome houses, now for the most part decayed from their high estate and let in flats and chambers to all sorts and conditions of men; map-engravers, architects, shady lawyers and the agents of obscure enterprises.

38.1

Al doblar la esquina de la callejuela, había una plaza de casas antiguas y hermosas, ahora en su mayor parte deterioradas y alquiladas en pisos y habitaciones a todo tipo y condición de hombres: grabadores de mapas, arquitectos, sombríos abogados y agentes de oscuras empresas.

One house, however, second from the corner, was still occupied entire;

38.2

Una casa, sin embargo, la segunda de la esquina, seguía ocupada en su totalidad;

38.3 and at the door of this, which wore a great air of wealth and comfort, though it was now plunged in darkness except for the fanlight, Mr. Utterson stopped and knocked.

y ante la puerta de ésta, que tenía un gran aire de riqueza y comodidad, aunque ahora estaba sumida en la oscuridad excepto por la luz de los ventiladores, el señor Utterson se detuvo y llamó.

38.4 A well-dressed, elderly servant opened the door.

Le abrió un criado anciano y bien vestido.

39.1 "Is Dr. Jekyll at home, Poole?" asked the lawyer.

"¿Está el Dr. Jekyll en casa, Poole?" preguntó el abogado.

40.1 "I will see, Mr. Utterson," said Poole, admitting the visitor, as he spoke, into a large, low-roofed, comfortable hall paved with flags, warmed (after the fashion of a country house) by a bright, open fire, and furnished with costly cabinets of oak.

"Voy a ver, señor Utterson", dijo Poole, admitiendo al visitante, mientras hablaba, en un gran salón de techo bajo, cómodo y pavimentado con banderas, calentado (a la manera de una casa de campo) por un fuego brillante y abierto, y amueblado con costosos armarios de roble.

40.2 "Will you wait here by the fire, sir?

"¿Esperará aquí junto al fuego, señor?

40.3 or shall I give you a light in the dining- room?"

¿O le doy fuego en el comedor?"

41.1 "Here, thank you," said the lawyer, and he drew near and leaned on the tall fender.

"Aquí tiene, gracias - dijo el abogado, acercándose y apoyándose en el alto guardabarros.

This hall, in which he was now left alone, was a pet fancy of his friend the doctor's; and Utterson himself was wont to speak of it as the pleasantest room in London.

41.2

Aquel salón, en el que ahora se quedaba solo, era una de las fantasías preferidas de su amigo el doctor, y el propio Utterson solía hablar de él como de la habitación más agradable de Londres.

But tonight there was a shudder in his blood;

41.3

Pero esta noche tenía un escalofrío en la sangre;

the face of Hyde sat heavy on his memory;

41.4

el rostro de Hyde le pesaba en la memoria;

he felt (what was rare with him) a nausea and distaste of life;

41.5

sentía (lo que era raro en él) náuseas y aversión a la vida;

and in the gloom of his spirits,

41.6

y en la penumbra de su ánimo,

he seemed to read a menace in the flickering of the firelight on the polished cabinets and the uneasy starting of the shadow on the roof.

41.7

le parecía leer una amenaza en el parpadeo de la luz del fuego sobre los pulidos armarios y en el inquietante comienzo de la sombra en el techo.

He was ashamed of his relief, when Poole presently returned to announce that Dr. Jekyll was gone out.

41.8

Se avergonzó de su alivio cuando Poole regresó al poco rato para anunciar que el doctor Jekyll había salido.

42.1 "I saw Mr. Hyde go in by the old dissecting room, Poole," he said.

"Vi al Sr. Hyde entrar por la vieja sala de disección, Poole", dijo.

42.2 "Is that right, when Dr. Jekyll is from home?"

"¿Es así, cuando el Dr. Jekyll es de casa?"

43.1 "Quite right, Mr. Utterson, sir," replied the servant.

"Muy bien, señor Utterson, señor", respondió el criado.

43.2 "Mr. Hyde has a key."

"El Sr. Hyde tiene una llave."

44.1 "Your master seems to repose a great deal of trust in that young man, Poole," resumed the other musingly.

"Su amo parece depositar mucha confianza en ese joven, Poole - continuó el otro, pensativo-.

45.1 "Yes, sir, he does indeed," said Poole.

"Sí, señor, así es", dijo Poole.

45.2 "We have all orders to obey him."

"Tenemos órdenes de obedecerle."

46.1 "I do not think I ever met Mr. Hyde?"

"¿No creo haber conocido nunca al señor Hyde?"

46.2 asked Utterson.

preguntó Utterson.

47.1 "O, dear no, sir. He never dines here,"

"Oh, querido no, señor. Nunca cena aquí,"

replied the butler.   47.2

respondió el mayordomo.

"Indeed we see very little of him on this side of the   47.3
house;

"De hecho le vemos muy poco por este lado de la casa;

he mostly comes and goes by the laboratory."   47.4

casi siempre va y viene por el laboratorio."

"Well, good-night, Poole."   48.1

"Bueno, buenas noches, Poole."

"Good-night, Mr. Utterson."   49.1

"Buenas noches, Sr. Utterson."

And the lawyer set out homeward with a very heavy   50.1
heart.

Y el abogado emprendió el regreso a casa con el corazón
muy oprimido.

"Poor Harry Jekyll," he thought, "my mind misgives   50.2
me he is in deep waters!

"Pobre Harry Jekyll", pensó, "¡mi mente me dice que está
en aguas profundas!

He was wild when he was young; a long while ago to   50.3
be sure; but in the law of God,

Fue salvaje cuando era joven; hace mucho tiempo,

there is no statute of limitations. Ay,   50.4

sin duda; pero en la ley de Dios no hay prescripción. Ay,

it must be that; the ghost of some old sin,   50.5

debe ser eso; el fantasma de algún viejo pecado,

50.6   the cancer of some concealed disgrace:

el cáncer de alguna desgracia oculta:

50.7   punishment coming, pede claudo, years after
memory has forgotten and self-love condoned the
fault."

el castigo que viene, pede claudo, años después de que la
memoria haya olvidado y el amor propio haya condonado
la falta."

50.8   And the lawyer, scared by the thought, brooded
awhile on his own past, groping in all the corners of
memory, least by chance some Jack-in-the-Box of an
old iniquity should leap to light there.

Y el abogado, asustado por el pensamiento, meditó un rato
sobre su propio pasado, buscando a tientas en todos los
rincones de la memoria, por si por casualidad saltaba a la
luz allí algún Jack-in-the-Box de una vieja iniquidad.

50.9   His past was fairly blameless;

Su pasado era bastante intachable;

50.10 few men could read the rolls of their life with less
apprehension;

pocos hombres podrían leer los rollos de su vida con menos
aprensión;

50.11 yet he was humbled to the dust by the many ill things
he had done, and raised up again into a sober and
fearful gratitude by the many he had come so near to
doing yet avoided.

sin embargo, se sintió humillado hasta el polvo por las
muchas cosas malas que había hecho, y levantado de nuevo
a una sobria y temerosa gratitud por las muchas que había
estado tan cerca de hacer y que, sin embargo, había evitado.

And then by a return on his former subject, he conceived a spark of hope.

50.12

Y entonces, volviendo a su tema anterior, concibió una chispa de esperanza.

"This Master Hyde, if he were studied," thought he, "must have secrets of his own;

50.13

"Este señorito Hyde, si ha sido estudiado", pensó, "debe de tener sus propios secretos;

black secrets, by the look of him;

50.14

negros secretos, por su aspecto;

secrets compared to which poor Jekyll's worst would be like sunshine.

50.15

secretos comparados con los cuales los peores del pobre Jekyll serían como el sol.

Things cannot continue as they are.

50.16

Las cosas no pueden seguir como están.

It turns me cold to think of this creature stealing like a thief to Harry's bedside;

50.17

Me da escalofríos pensar en esa criatura llegando como un ladrón a la cabecera de Harry;

poor Harry, what a wakening! And the danger of it;

50.18

¡pobre Harry, qué despertar! Y el peligro de ello;

for if this Hyde suspects the existence of the will,

50.19

porque si este Hyde sospecha la existencia del testamento,

he may grow impatient to inherit.

50.20

puede impacientarse por heredar.

50.21 Ay, I must put my shoulders to the wheel — if Jekyll will but let me," he added, "if Jekyll will only let me."

Ay, debo arrimar el hombro — si Jekyll me lo permite", añadió, "si Jekyll me lo permite."

50.22 For once more he saw before his mind's eye, as clear as transparency, the strange clauses of the will.

Porque una vez más vio ante los ojos de su mente, tan claras como transparentes, las extrañas cláusulas del testamento.

DR. JEKYLL WAS QUITE AT EASE

DR. JEKYLL ESTABA MUY A GUSTO

1.1 A fortnight later, by excellent good fortune, the doctor gave one of his pleasant dinners to some five or six old cronies, all intelligent, reputable men and all judges of good wine;

Quince días más tarde, por excelente fortuna, el doctor ofreció una de sus agradables cenas a unos cinco o seis viejos compinches, todos ellos hombres inteligentes y reputados y todos jueces del buen vino;

1.2 and Mr. Utterson so contrived that he remained behind after the others had departed.

y el señor Utterson se las ingenió para quedarse después de que los demás se hubiesen marchado.

1.3 This was no new arrangement,

No se trataba de un arreglo nuevo,

1.4 but a thing that had befallen many scores of times.

sino de algo que había ocurrido muchas veces.

1.5 Where Utterson was liked, he was liked well.

Donde Utterson era querido, era bien querido.

Hosts loved to detain the dry lawyer, when the light-hearted and loose-tongued had already their foot on the threshold;

A los anfitriones les encantaba entretener al seco abogado cuando los de corazón alegre y lengua suelta ya habían puesto el pie en el umbral;

they liked to sit a while in his unobtrusive company, practising for solitude, sobering their minds in the man's rich silence after the expense and strain of gaiety.

les gustaba sentarse un rato en su discreta compañía, practicando la soledad, despejando sus mentes en el rico silencio del hombre después del gasto y la tensión de la alegría.

To this rule, Dr. Jekyll was no exception; and as he now sat on the opposite side of the fire — a large, well-made, smooth-faced man of fifty, with something of a slyish cast perhaps, but every mark of capacity and kindness — you could see by his looks that he cherished for Mr. Utterson a sincere and warm affection.

El doctor Jekyll no era una excepción a esta regla, y ahora que estaba sentado al otro lado del fuego - un hombre de cincuenta años, corpulento, bien hecho, de rostro terso, con algo de picardía quizá, pero con todos los rasgos de capacidad y amabilidad-, se podía ver en su mirada que sentía por el señor Utterson un afecto sincero y cálido.

"I have been wanting to speak to you, Jekyll," began the latter.

"He estado deseando hablar contigo, Jekyll", comenzó este último.

"You know that will of yours?"

"¿Conoces ese testamento tuyo?"

3.1 A close observer might have gathered that the topic was distasteful;

Un observador atento podría haber deducido que el tema era desagradable;

3.2 but the doctor carried it off gaily.

pero el doctor lo llevó con alegría.

3.3 "My poor Utterson," said he, "you are unfortunate in such a client.

"Mi pobre Utterson - dijo-, es usted desafortunado con semejante cliente.

3.4 I never saw a man so distressed as you were by my will; unless it were that hide-bound pedant, Lanyon, at what he called my scientific heresies.

Nunca he visto a un hombre tan angustiado como usted por mi voluntad, a menos que fuera ese pedante, Lanyon, por lo que él llamaba mis herejías científicas.

3.5 O, I know he's a good fellow — you needn't frown — an excellent fellow, and I always mean to see more of him;

Oh, ya sé que es un buen tipo - no hace falta que frunzas el ceño-, un tipo excelente, y siempre he tenido la intención de verle más;

3.6 but a hide-bound pedant for all that;

pero un pedante a ultranza, a pesar de todo;

3.7 an ignorant, blatant pedant.

un pedante ignorante y descarado.

3.8 I was never more disappointed in any man than Lanyon."

Nunca me decepcionó tanto un hombre como Lanyon."

"You know I never approved of it," pursued Utterson,   4.1
ruthlessly disregarding the fresh topic.
"Sabes que nunca lo aprobé", prosiguió Utterson,
despreciando sin piedad el nuevo tema.

"My will?   5.1
"¿Mi voluntad?

Yes, certainly, I know that," said the doctor, a trifle   5.2
sharply.
Sí, ciertamente, lo sé", dijo el doctor, un poco bruscamente.

"You have told me so."   5.3
"Usted me lo ha dicho."

"Well, I tell you so again," continued the lawyer.   6.1
"Bueno, se lo repito", continuó el abogado.

"I have been learning something of young Hyde."   6.2
"He estado aprendiendo algo del joven Hyde."

The large handsome face of Dr. Jekyll grew pale to   7.1
the very lips, and there came a blackness about his
eyes.
El rostro grande y apuesto del doctor Jekyll palideció hasta
los labios y sus ojos se ennegrecieron.

"I do not care to hear more," said he.   7.2
"No quiero oír más," dijo.

"This is a matter I thought we had agreed to drop."   7.3
"Este es un asunto que pensé que habíamos acordado
dejar."

8.1   "What I heard was abominable," said Utterson.
"Lo que oí fue abominable," dijo Utterson.

9.1   "It can make no change.
"No puede cambiar nada.

9.2   You do not understand my position," returned the doctor, with a certain incoherency of manner.
Usted no comprende mi situación - respondió el doctor, con cierta incoherencia en sus modales-.

9.3   "I am painfully situated, Utterson;
"Me encuentro en una situación penosa, Utterson;

9.4   my position is a very strange — a very strange one.
mi situación es muy extraña, muy extraña.

9.5   It is one of those affairs that cannot be mended by talking."
Es uno de esos asuntos que no se arreglan hablando."

10.1   "Jekyll," said Utterson, "you know me:
"Jekyll", dijo Utterson, "me conoces:

10.2   I am a man to be trusted.
Soy un hombre de confianza.

10.3   Make a clean breast of this in confidence; and I make no doubt I can get you out of it."
Explícame esto en confianza, y no dudo de que podré sacarte de esto."

"My good Utterson," said the doctor, "this is very good of you, this is downright good of you, and I cannot find words to thank you in.   11.1

"Mi buen Utterson - dijo el doctor-, es usted muy amable, francamente amable, y no encuentro palabras para agradecérselo.

I believe you fully;   11.2

Le creo plenamente;

I would trust you before any man alive, ay, before myself, if I could make the choice;   11.3

confiaría en usted antes que en cualquier hombre vivo, ay, antes que en mí mismo, si pudiera elegir;

but indeed it isn't what you fancy;   11.4

pero en verdad no es lo que usted se imagina;

it is not as bad as that;   11.5

no es tan malo como eso;

and just to put your good heart at rest,   11.6

y sólo para tranquilizar su buen corazón,

I will tell you one thing: the moment I choose,   11.7

le diré una cosa: en el momento que yo elija,

I can be rid of Mr. Hyde. I give you my hand upon that;   11.8

puedo librarme del señor Hyde. Le doy mi mano en eso;

and I thank you again and again;   11.9

y se lo agradezco una y otra vez;

11.10 and I will just add one little word, Utterson, that I'm sure you'll take in good part:
y sólo añadiré una palabrita, Utterson, que estoy seguro tomará a bien:

11.11 this is a private matter, and I beg of you to let it sleep."
éste es un asunto privado, y le ruego que lo deje dormir."

12.1 Utterson reflected a little, looking in the fire.
Utterson reflexionó un poco, mirando al fuego.

13.1 "I have no doubt you are perfectly right," he said at last, getting to his feet.
"No me cabe duda de que tienes toda la razón", dijo al fin, poniéndose en pie.

14.1 "Well, but since we have touched upon this business, and for the last time I hope," continued the doctor, "there is one point I should like you to understand.
"Bien, pero ya que hemos tocado este asunto, y espero que por última vez - continuó el doctor-, hay un punto que me gustaría que comprendiera.

14.2 I have really a very great interest in poor Hyde.
Siento un gran interés por el pobre Hyde.

14.3 I know you have seen him; he told me so;
Sé que usted lo ha visto; él me lo dijo;

14.4 and I fear he was rude. But I do sincerely take a great,
y me temo que fue grosero. Pero sinceramente tengo un gran,

14.5 a very great interest in that young man;
un grandísimo interés por ese joven;

and if I am taken away, Utterson, I wish you to promise me that you will bear with him and get his rights for him.

14.6

y si me llevan, Utterson, quiero que me prometas que le aguantarás y conseguirás sus derechos para él.

I think you would, if you knew all;

14.7

Creo que lo harías, si lo supieras todo;

and it would be a weight off my mind if you would promise."

14.8

y me quitarías un peso de encima si me lo prometieras."

"I can't pretend that I shall ever like him,"

15.1

"No puedo pretender que alguna vez me caiga bien,"

said the lawyer.

15.2

dijo el abogado.

"I don't ask that," pleaded Jekyll, laying his hand upon the other's arm;

16.1

"No pido eso", suplicó Jekyll, poniendo su mano sobre el brazo del otro;

"I only ask for justice;

16.2

"sólo pido justicia;

I only ask you to help him for my sake,

16.3

sólo te pido que le ayudes por mí,

when I am no longer here."

16.4

cuando ya no esté aquí."

Utterson heaved an irrepressible sigh.

17.1

Utterson lanzó un suspiro irreprimible.

17.2   "Well," said he, "I promise."

"Bueno", dijo, "lo prometo."

THE CAREW MURDER CASE

EL CASO DEL ASESINATO DE CAREW

1.1 Nearly a year later, in the month of October, 18 — , London was startled by a crime of singular ferocity and rendered all the more notable by the high position of the victim.

Casi un año después, en el mes de octubre de 18-, Londres se vio sobresaltada por un crimen de singular ferocidad y aún más notable por la alta posición de la víctima.

1.2 The details were few and startling.

Los detalles eran pocos y sorprendentes.

1.3 A maid servant living alone in a house not far from the river,

Una criada que vivía sola en una casa no lejos del río,

1.4 had gone upstairs to bed about eleven.

había subido a acostarse hacia las once.

Although a fog rolled over the city in the small hours, 1.5
the early part of the night was cloudless, and the lane,
which the maid's window overlooked, was brilliantly
lit by the full moon.

Aunque la niebla se cernía sobre la ciudad a altas horas de la
madrugada, la primera parte de la noche estaba despejada
y la callejuela, a la que daba la ventana de la criada, estaba
brillantemente iluminada por la luna llena.

It seems she was romantically given, for she sat down 1.6
upon her box, which stood immediately under the
window, and fell into a dream of musing.

Al parecer, la doncella era una romántica, pues se sentó en
su palco, que estaba justo debajo de la ventana, y se sumió
en un sueño de cavilaciones.

Never (she used to say, with streaming tears, when 1.7
she narrated that experience), never had she felt
more at peace with all men or thought more kindly of
the world.

Nunca (solía decir, con lágrimas en los ojos, cuando
narraba aquella experiencia), nunca se había sentido más
en paz con todos los hombres ni había pensado con más
bondad en el mundo.

And as she so sat she became aware of an aged 1.8
beautiful gentleman with white hair,

Y mientras estaba así sentada,

drawing near along the lane; 1.9

se dio cuenta de que un hermoso caballero de edad
avanzada y pelo blanco se acercaba por el sendero;

and advancing to meet him, another and very small 1.10
gentleman, to whom at first she paid less attention.

y avanzando a su encuentro, otro caballero muy pequeño,
al que al principio prestó menos atención.

1.11 When they had come within speech (which was just under the maid's eyes) the older man bowed and accosted the other with a very pretty manner of politeness.

Cuando estuvieron a punto de hablarse (lo que ocurrió justo debajo de los ojos de la doncella), el hombre mayor se inclinó y abordó al otro con una cortesía muy bonita.

1.12 It did not seem as if the subject of his address were of great importance;

No parecía que el tema de su alocución fuese de gran importancia;

1.13 indeed, from his pointing, it sometimes appeared as if he were only inquiring his way;

de hecho, por la forma en que señalaba, a veces parecía que sólo estaba preguntando por su camino;

1.14 but the moon shone on his face as he spoke, and the girl was pleased to watch it, it seemed to breathe such an innocent and old-world kindness of disposition, yet with something high too, as of a well-founded self-content.

pero la luna brillaba en su rostro mientras hablaba, y a la muchacha le complacía observarlo, pues parecía respirar una amabilidad tan inocente y del viejo mundo, aunque con algo elevado también, como de un bien fundado contento de sí mismo.

1.15 Presently her eye wandered to the other, and she was surprised to recognise in him a certain Mr. Hyde, who had once visited her master and for whom she had conceived a dislike.

De pronto, su mirada se desvió hacia el otro, y se sorprendió al reconocer en él a un tal señor Hyde, que una vez había visitado a su amo y por quien había sentido aversión.

He had in his hand a heavy cane, with which he was trifling;   1.16

Llevaba en la mano un pesado bastón, con el que jugueteaba;

but he answered never a word,   1.17

pero no respondía ni una palabra,

and seemed to listen with an ill-contained impatience.   1.18

y parecía escuchar con una impaciencia mal contenida.

And then all of a sudden he broke out in a great flame of anger, stamping with his foot, brandishing the cane, and carrying on (as the maid described it) like a madman.   1.19

Y de repente estalló en una gran llamarada de ira, dando pisotones, blandiendo el bastón y comportándose (como lo describió la doncella) como un loco.

The old gentleman took a step back,   1.20

El anciano caballero retrocedió un paso,

with the air of one very much surprised and a trifle hurt;   1.21

con el aire de alguien muy sorprendido y un poco herido;

and at that Mr. Hyde broke out of all bounds and clubbed him to the earth.   1.22

y en ese momento el señor Hyde rompió todos los límites y lo golpeó contra el suelo.

1.23 And next moment, with ape-like fury, he was trampling his victim under foot and hailing down a storm of blows, under which the bones were audibly shattered and the body jumped upon the roadway.

Y al momento siguiente, con furia simiesca, pisoteó a su víctima y le propinó una lluvia de golpes, bajo los cuales los huesos se hicieron añicos y el cuerpo saltó sobre la calzada.

1.24 At the horror of these sights and sounds,

Ante el horror de estas imágenes y sonidos,

1.25 the maid fainted.

la doncella se desmayó.

2.1 It was two o'clock when she came to herself and called for the police.

Eran las dos cuando volvió en sí y llamó a la policía.

2.2 The murderer was gone long ago; but there lay his victim in the middle of the lane, incredibly mangled.

El asesino hacía tiempo que se había marchado, pero su víctima yacía en medio del camino, increíblemente destrozada.

2.3 The stick with which the deed had been done, although it was of some rare and very tough and heavy wood, had broken in the middle under the stress of this insensate cruelty; and one splintered half had rolled in the neighbouring gutter — the other, without doubt, had been carried away by the murderer.

El palo con el que había cometido el crimen, aunque era de una madera rara, muy dura y pesada, se había roto por la mitad bajo la presión de aquella crueldad insensata; y una mitad astillada había rodado por la cuneta vecina; la otra, sin duda, se la había llevado el asesino.

A purse and gold watch were found upon the victim: 2.4
but no cards or papers, except a sealed and stamped
envelope, which he had been probably carrying to
the post, and which bore the name and address of Mr.
Utterson.

A la víctima se le encontraron un monedero y un reloj de
oro, pero ninguna tarjeta ni documento, excepto un sobre
sellado y franqueado que probablemente había llevado
al correo y que llevaba el nombre y la dirección del señor
Utterson.

This was brought to the lawyer the next morning,   3.1

Se lo llevaron al abogado a la mañana siguiente,

before he was out of bed;   3.2

antes de que se levantara de la cama;

and he had no sooner seen it and been told the   3.3
circumstances,

y apenas lo vio y le contaron las circunstancias,

than he shot out a solemn lip.   3.4

lanzó un labio solemne.

"I shall say nothing till I have seen the body," said he;   3.5

"No diré nada hasta que haya visto el cadáver - dijo-;

"this may be very serious.   3.6

esto puede ser muy grave.

Have the kindness to wait while I dress."   3.7

Tenga la bondad de esperar mientras me visto."

And with the same grave countenance he hurried   3.8
through his breakfast and drove to the police station,

Y con el mismo semblante grave se apresuró a desayunar y
se dirigió a la comisaría,

3.9 whither the body had been carried.
adonde habían llevado el cadáver.

3.10 As soon as he came into the cell, he nodded.
En cuanto entró en la celda, asintió.

4.1 "Yes," said he, "I recognise him.
"Sí", dijo, "lo reconozco.

4.2 I am sorry to say that this is Sir Danvers Carew."
Lamento decirle que es Sir Danvers Carew."

5.1 "Good God, sir," exclaimed the officer, "is it possible?"
"Dios mío, señor", exclamó el oficial, "¿es posible?"

5.2 And the next moment his eye lighted up with professional ambition.
Y al momento siguiente sus ojos se iluminaron con ambición profesional.

5.3 "This will make a deal of noise," he said.
"Esto hará mucho ruido," dijo.

5.4 "And perhaps you can help us to the man."
"Y tal vez usted pueda ayudarnos a dar con el hombre."

5.5 And he briefly narrated what the maid had seen,
Y narró brevemente lo que había visto la criada,

5.6 and showed the broken stick.
y mostró el palo roto.

Mr. Utterson had already quailed at the name of Hyde;

El señor Utterson ya había temblado al oír el nombre de Hyde;

6.1

but when the stick was laid before him,

pero cuando le pusieron delante el bastón,

6.2

he could doubt no longer; broken and battered as it was,

ya no pudo dudar más; roto y maltrecho como estaba,

6.3

he recognised it for one that he had himself presented many years before to Henry Jekyll.

lo reconoció por uno que él mismo había presentado muchos años antes a Henry Jekyll.

6.4

"Is this Mr. Hyde a person of small stature?" he inquired.

"¿Es este Sr. Hyde una persona de baja estatura?" preguntó.

7.1

"Particularly small and particularly wicked-looking, is what the maid calls him," said the officer.

"Particularmente pequeño y de aspecto particularmente malvado, es como lo llama la criada", dijo el oficial.

8.1

Mr. Utterson reflected;

El señor Utterson reflexionó;

9.1

and then, raising his head, "If you will come with me in my cab," he said, "I think I can take you to his house."

y luego, levantando la cabeza: "Si me acompaña en mi taxi", dijo, "creo que puedo llevarla a su casa."

9.2

10.1 It was by this time about nine in the morning,

Eran ya cerca de las nueve de la mañana,

10.2 and the first fog of the season.

y la primera niebla de la estación.

10.3 A great chocolate-coloured pall lowered over heaven, but the wind was continually charging and routing these embattled vapours; so that as the cab crawled from street to street, Mr. Utterson beheld a marvelous number of degrees and hues of twilight; for here it would be dark like the back-end of evening; and there would be a glow of a rich, lurid brown, like the light of some strange conflagration; and here, for a moment, the fog would be quite broken up, and a haggard shaft of daylight would glance in between the swirling wreaths.

Un gran manto de color chocolate se cernía sobre el cielo, pero el viento no cesaba de arremeter y desviar aquellos vapores encrespados, de modo que, mientras el taxi se arrastraba de calle en calle, Mr. Utterson contemplaba un maravilloso número de grados y matices de crepúsculo: aquí estaba oscuro como el final de la tarde, allí había un resplandor de un marrón intenso y escabroso, como la luz de una extraña conflagración, y aquí, por un momento, la niebla se disipaba por completo y un macilento rayo de luz diurna se colaba entre las arremolinadas guirnaldas.

The dismal quarter of Soho seen under these 10.4
changing glimpses, with its muddy ways, and
slatternly passengers, and its lamps, which had
never been extinguished or had been kindled afresh
to combat this mournful reinvasion of darkness,
seemed, in the lawyer's eyes, like a district of some
city in a nightmare.

El lúgubre barrio de Soho, visto bajo estos cambiantes
destellos, con sus caminos fangosos y sus pasajeros
haraganes, y sus lámparas, que nunca se habían apagado
o que se habían encendido de nuevo para combatir esta
lúgubre reinvasión de la oscuridad, parecía, a los ojos
del abogado, como un distrito de alguna ciudad en una
pesadilla.

The thoughts of his mind, besides, were of the 10.5
gloomiest dye;

Los pensamientos de su mente, además, eran del tinte más
sombrío;

and when he glanced at the companion of his drive, 10.6
he was conscious of some touch of that terror of the
law and the law's officers, which may at times assail
the most honest.

y cuando miró a su compañero de viaje, fue consciente de
un poco de ese terror a la ley y a los funcionarios de la ley,
que a veces puede asaltar al más honesto.

11.1 As the cab drew up before the address indicated, the fog lifted a little and showed him a dingy street, a gin palace, a low French eating house, a shop for the retail of penny numbers and twopenny salads, many ragged children huddled in the doorways, and many women of many different nationalities passing out, key in hand, to have a morning glass;

Cuando el taxi se detuvo ante la dirección indicada, la niebla se disipó un poco y le mostró una calle sórdida, un palacio de la ginebra, un restaurante francés de baja estofa, una tienda de venta al por menor de números de un penique y ensaladas de dos peniques, muchos niños harapientos apiñados en los portales y muchas mujeres de diferentes nacionalidades que salían, llave en mano, a tomar una copa matutina;

11.2 and the next moment the fog settled down again upon that part, as brown as umber, and cut him off from his blackguardly surroundings.

y al momento siguiente la niebla volvió a asentarse sobre aquella parte, tan parda como el ámbar, y lo aisló de su entorno de negrura.

11.3 This was the home of Henry Jekyll's favourite; of a man who was heir to a quarter of a million sterling.

Esta era la casa del favorito de Henry Jekyll, de un hombre que era heredero de un cuarto de millón de libras esterlinas.

12.1 An ivory-faced and silvery-haired old woman opened the door.

Abrió la puerta una anciana de cara de marfil y cabellos plateados.

12.2 She had an evil face, smoothed by hypocrisy:

Tenía un rostro malvado, suavizado por la hipocresía:

but her manners were excellent.   12.3

pero sus modales eran excelentes.

Yes, she said, this was Mr. Hyde's, but he was not at   12.4
home;

Sí, dijo, ésta era la casa del señor Hyde, pero él no estaba en
casa;

he had been in that night very late,   12.5

había estado aquella noche hasta muy tarde,

but he had gone away again in less than an hour;   12.6

pero se había marchado de nuevo en menos de una hora;

there was nothing strange in that;   12.7

no había nada extraño en ello;

his habits were very irregular, and he was often   12.8
absent;

sus costumbres eran muy irregulares y se ausentaba a
menudo;

for instance,   12.9

por ejemplo,

it was nearly two months since she had seen him till   12.10
yesterday.

hacía casi dos meses que no lo había visto hasta ayer.

"Very well, then, we wish to see his rooms," said the   13.1
lawyer;

"Muy bien, entonces, deseamos ver sus habitaciones", dijo
el abogado;

13.2 and when the woman began to declare it was impossible, "I had better tell you who this person is," he added.

y cuando la mujer empezó a declarar que era imposible, "será mejor que le diga quién es esta persona", añadió.

13.3 "This is Inspector Newcomen of Scotland Yard."

"Se trata del inspector Newcomen, de Scotland Yard."

14.1 A flash of odious joy appeared upon the woman's face.

Un destello de odiosa alegría apareció en el rostro de la mujer.

14.2 "Ah!" said she, "he is in trouble! What has he done?"

"¡Ah!" dijo, "¡está en apuros! ¿Qué ha hecho?"

15.1 Mr. Utterson and the inspector exchanged glances.

El señor Utterson y el inspector intercambiaron miradas.

15.2 "He don't seem a very popular character," observed the latter.

"No parece un personaje muy popular," observó este último.

15.3 "And now, my good woman, just let me and this gentleman have a look about us."

"Y ahora, mi buena mujer, deje que este caballero y yo echemos un vistazo a nuestro alrededor."

16.1 In the whole extent of the house, which but for the old woman remained otherwise empty, Mr. Hyde had only used a couple of rooms;

En toda la extensión de la casa, que de no ser por la anciana permanecía vacía, el señor Hyde sólo había utilizado un par de habitaciones;

but these were furnished with luxury and good taste. 16.2
pero éstas estaban amuebladas con lujo y buen gusto.

A closet was filled with wine; the plate was of silver, 16.3
Un armario estaba lleno de vino; la vajilla era de plata,

the napery elegant; 16.4
la mantelería elegante;

a good picture hung upon the walls, a gift (as 16.5
Utterson supposed) from Henry Jekyll, who was
much of a connoisseur;
un buen cuadro colgaba de las paredes, regalo (como
Utterson suponía) de Henry Jekyll, que era un gran
conocedor;

and the carpets were of many plies and agreeable in 16.6
colour.
y las alfombras eran de muchos pliegues y de colores
agradables.

At this moment, however, the rooms bore every mark 16.7
of having been recently and hurriedly ransacked;
En aquel momento, sin embargo, las habitaciones
mostraban todas las señales de haber sido saqueadas
reciente y apresuradamente;

clothes lay about the floor, with their pockets inside 16.8
out;
la ropa estaba tirada por el suelo, con los bolsillos al revés;

lock-fast drawers stood open; 16.9
los cajones con cerradura estaban abiertos;

and on the hearth there lay a pile of grey ashes, 16.10
y en la chimenea había un montón de cenizas grises,

16.11 as though many papers had been burned.
como si hubieran quemado muchos papeles.

16.12 From these embers the inspector disinterred the butt
end of a green cheque book,
De estas brasas el inspector desenterró el extremo de un
talonario de cheques verdes,

16.13 which had resisted the action of the fire;
que había resistido la acción del fuego;

16.14 the other half of the stick was found behind the door;
la otra mitad del talonario se encontró detrás de la puerta;

16.15 and as this clinched his suspicions,
y como esto confirmaba sus sospechas,

16.16 the officer declared himself delighted.
el oficial se declaró encantado.

16.17 A visit to the bank, where several thousand pounds
were found to be lying to the murderer's credit,
completed his gratification.
Una visita al banco, donde se encontraron varios miles de
libras a crédito del asesino, completó su satisfacción.

17.1 "You may depend upon it, sir," he told Mr. Utterson:
"Puede estar seguro, señor", le dijo al señor Utterson:

17.2 "I have him in my hand.
"Lo tengo en mis manos.

17.3 He must have lost his head, or he never would have
left the stick or, above all, burned the cheque book.
Debe de haber perdido la cabeza, o nunca habría dejado el
palo ni, sobre todo, quemado el talonario de cheques.

Why, money's life to the man.   17.4

Vaya, el dinero es vida para el hombre.

We have nothing to do but wait for him at the bank,   17.5
and get out the handbills."

No nos queda más que esperarle en el banco y sacar los
panfletos."

This last, however, was not so easy of   18.1
accomplishment; for Mr. Hyde had numbered few
familiars — even the master of the servant maid had
only seen him twice; his family could nowhere be
traced; he had never been photographed; and the few
who could describe him differed widely, as common
observers will.

Esto último, sin embargo, no era tan fácil de lograr, porque
el señor Hyde tenía pocos conocidos, incluso el amo de la
criada sólo lo había visto dos veces; su familia no podía ser
rastreada en ninguna parte; nunca había sido fotografiado,
y los pocos que podían describirlo diferían ampliamente,
como lo harán los observadores comunes.

Only on one point were they agreed; and that was the   18.2
haunting sense of unexpressed deformity with which
the fugitive impressed his beholders.

Sólo en un punto estaban de acuerdo, y era en la
inquietante sensación de inexpresiva deformidad con
que el fugitivo impresionaba a quienes lo contemplaban.

INCIDENT OF THE LETTER

INCIDENTE DE LA CARTA

1.1 It was late in the afternoon, when Mr. Utterson found his way to Dr. Jekyll's door, where he was at once admitted by Poole, and carried down by the kitchen offices and across a yard which had once been a garden, to the building which was indifferently known as the laboratory or dissecting rooms.

Era última hora de la tarde cuando el señor Utterson encontró el camino hasta la puerta del doctor Jekyll, donde fue admitido inmediatamente por Poole, y conducido junto a las oficinas de la cocina y a través de un patio que en otro tiempo había sido un jardín, hasta el edificio indistintamente conocido como laboratorio o salas de disección.

1.2 The doctor had bought the house from the heirs of a celebrated surgeon;

El médico había comprado la casa a los herederos de un célebre cirujano;

1.3 and his own tastes being rather chemical than anatomical,

y como sus gustos eran más bien químicos que anatómicos,

had changed the destination of the block at the
bottom of the garden.   1.4

había cambiado el destino del bloque situado al fondo del
jardín.

It was the first time that the lawyer had been received   1.5
in that part of his friend's quarters; and he eyed the
dingy,

Era la primera vez que el abogado era recibido en aquella
parte de los aposentos de su amigo,

windowless structure with curiosity,   1.6

y observó con curiosidad la estructura sucia y sin ventanas,

and gazed round with a distasteful sense of   1.7
strangeness as he crossed the theatre,

y miró a su alrededor con una desagradable sensación de
extrañeza mientras cruzaba el teatro,

once crowded with eager students and now lying   1.8
gaunt and silent,

antaño abarrotado de ansiosos estudiantes y ahora
demacrado y silencioso,

the tables laden with chemical apparatus,   1.9

las mesas cargadas de aparatos químicos,

the floor strewn with crates and littered with packing   1.10
straw,

el suelo sembrado de cajas y lleno de paja de embalaje,

and the light falling dimly through the foggy cupola.   1.11

y la luz cayendo tenuemente a través de la cúpula
empañada.

1.12 At the further end, a flight of stairs mounted to a door covered with red baize; and through this, Mr. Utterson was at last received into the doctor's cabinet.

En el otro extremo, unas escaleras conducían a una puerta cubierta de tela roja, a través de la cual el señor Utterson fue recibido por fin en el gabinete del doctor.

1.13 It was a large room fitted round with glass presses, furnished, among other things, with a cheval-glass and a business table, and looking out upon the court by three dusty windows barred with iron.

Se trataba de una gran habitación rodeada de prensas de cristal, amueblada, entre otras cosas, con un espejo de sol y una mesa de negocios, y que daba al patio por tres polvorientas ventanas enrejadas con hierro.

1.14 The fire burned in the grate;

El fuego ardía en la rejilla;

1.15 a lamp was set lighted on the chimney shelf,

una lámpara estaba encendida en la repisa de la chimenea,

1.16 for even in the houses the fog began to lie thickly;

pues incluso en las casas la niebla empezaba a ser espesa;

1.17 and there, close up to the warmth, sat Dr. Jekyll, looking deathly sick.

y allí, cerca del calor, estaba sentado el doctor Jekyll, con aspecto mortalmente enfermo.

1.18 He did not rise to meet his visitor,

No se levantó para recibir a su visitante,

but held out a cold hand and bade him welcome in a changed voice. 1.19

sino que le tendió una mano fría y le dio la bienvenida con voz alterada.

"And now," said Mr. Utterson, as soon as Poole had left them, "you have heard the news?" 2.1

"Y ahora", dijo el señor Utterson, en cuanto Poole les hubo dejado, "¿habéis oído las noticias?"

The doctor shuddered. "They were crying it in the square," 3.1

El médico se estremeció. "Lo gritaban en la plaza,"

he said. "I heard them in my dining- room." 3.2

dijo. "Yo los oí en mi comedor."

"One word," said the lawyer. 4.1

"Una palabra," dijo el abogado.

"Carew was my client, but so are you, and I want to know what I am doing. 4.2

"Carew era mi cliente, pero usted también lo es, y quiero saber lo que estoy haciendo.

You have not been mad enough to hide this fellow?" 4.3

¿No te has enfadado lo suficiente como para esconder a este tipo?"

"Utterson, I swear to God," cried the doctor, "I swear to God I will never set eyes on him again. 5.1

"Utterson, juro por Dios", gritó el doctor, "juro por Dios que no volveré a ponerle los ojos encima.

5.2 I bind my honour to you that I am done with him in this world.

Te juro por mi honor que he terminado con él en este mundo.

5.3 It is all at an end. And indeed he does not want my help;

Todo ha terminado. Y, en efecto, él no necesita mi ayuda;

5.4 you do not know him as I do; he is safe,

usted no lo conoce como yo; está a salvo,

5.5 he is quite safe; mark my words,

está completamente a salvo; recuerde mis palabras,

5.6 he will never more be heard of."

nunca más se oirá hablar de él."

6.1 The lawyer listened gloomily;

El abogado escuchaba sombríamente;

6.2 he did not like his friend's feverish manner.

no le gustaban los modales febriles de su amigo.

6.3 "You seem pretty sure of him," said he; "and for your sake,

"Pareces muy seguro de él," dijo; "y por tu bien,

6.4 I hope you may be right. If it came to a trial,

espero que tengas razón. Si llegara a juicio,

6.5 your name might appear."

tu nombre podría aparecer."

7.1 "I am quite sure of him," replied Jekyll;

"Estoy completamente seguro de él - respondió Jekyll-;

"I have grounds for certainty that I cannot share with any one.

7.2

tengo una certeza que no puedo compartir con nadie.

But there is one thing on which you may advise me.

7.3

Pero hay una cosa sobre la que puede aconsejarme.

I have — I have received a letter; and I am at a loss whether I should show it to the police.

7.4

He recibido una carta y no sé si debo enseñársela a la policía.

I should like to leave it in your hands, Utterson;

7.5

Me gustaría dejarla en sus manos, Utterson;

you would judge wisely, I am sure;

7.6

usted juzgaría sabiamente, estoy seguro;

I have so great a trust in you."

7.7

tengo tanta confianza en usted."

"You fear, I suppose, that it might lead to his detection?"

8.1

"¿Teme, supongo, que pueda conducir a su detección?"

asked the lawyer.

8.2

preguntó el abogado.

"No," said the other.

9.1

"No," dijo el otro.

"I cannot say that I care what becomes of Hyde;

9.2

"No puedo decir que me importe lo que ocurra con Hyde;

9.3 I am quite done with him. I was thinking of my own character,

ya he terminado con él. Estaba pensando en mi propio carácter,

9.4 which this hateful business has rather exposed."

que este odioso asunto ha dejado bastante al descubierto."

10.1 Utterson ruminated awhile;

Utterson reflexionó un rato;

10.2 he was surprised at his friend's selfishness,

le sorprendía el egoísmo de su amigo,

10.3 and yet relieved by it.

y a la vez le aliviaba.

10.4 "Well," said he, at last, "let me see the letter."

"Bien", dijo al fin, "déjame ver la carta."

11.1 The letter was written in an odd,

La carta estaba escrita con una mano extraña y erguida,

11.2 upright hand and signed

y firmada

"Edward Hyde": and it signified, briefly enough, that   11.3
the writer's benefactor, Dr. Jekyll, whom he had long
so unworthily repaid for a thousand generosities,
need labour under no alarm for his safety, as he
had means of escape on which he placed a sure
dependence.

"Edward Hyde", y significaba, en pocas palabras, que
el benefactor del escritor, el doctor Jekyll, a quien
durante tanto tiempo había retribuido indignamente
mil generosidades, no tenía por qué preocuparse por su
seguridad, ya que disponía de medios de escape de los que
dependía con toda seguridad.

The lawyer liked this letter well enough;   11.4

Al abogado le gustó bastante esta carta;

it put a better colour on the intimacy than he had   11.5
looked for;

daba a la intimidad un color mejor del que había esperado;

and he blamed himself for some of his past   11.6
suspicions.

y se reprochó algunas de sus sospechas pasadas.

"Have you the envelope?" he asked.   12.1

"¿Tienes el sobre?" preguntó.

"I burned it," replied Jekyll, "before I thought what I   13.1
was about.

"La quemé - respondió Jekyll - antes de pensar en lo que
hacía.

But it bore no postmark. The note was handed in."   13.2

Pero no llevaba matasellos. La nota fue entregada."

14.1 "Shall I keep this and sleep upon it?" asked Utterson.
"¿Me quedo con esto y duermo encima?" preguntó Utterson.

15.1 "I wish you to judge for me entirely," was the reply.
"Deseo que juzgue por mí enteramente," fue la respuesta.

15.2 "I have lost confidence in myself."
"He perdido la confianza en mí mismo."

16.1 "Well, I shall consider," returned the lawyer.
"Bueno, lo tendré en cuenta", respondió el abogado.

16.2 "And now one word more:
"Y ahora una palabra más:

16.3 it was Hyde who dictated the terms in your will about that disappearance?"
¿fue Hyde quien dictó los términos de su testamento sobre esa desaparición?"

17.1 The doctor seemed seized with a qualm of faintness;
El médico pareció presa de una sensación de desmayo;

17.2 he shut his mouth tight and nodded.
cerró la boca con fuerza y asintió con la cabeza.

18.1 "I knew it," said Utterson. "He meant to murder you.
"Lo sabía," dijo Utterson. "Quería matarte.

18.2 You had a fine escape."
Tuviste una buena escapada."

19.1 "I have had what is far more to the purpose,"
"He tenido lo que es mucho más a propósito,"

returned the doctor solemnly: 19.2

regresó el doctor solemnemente:

"I have had a lesson — O God, Utterson, what a lesson 19.3
I have had!"

"He tenido una lección — ¡Dios, Utterson, qué lección he
tenido!"

And he covered his face for a moment with his hands. 19.4

Y se cubrió la cara un momento con las manos.

On his way out, 20.1

Al salir,

the lawyer stopped and had a word or two with Poole. 20.2

el abogado se detuvo y habló un par de palabras con Poole.

"By the bye," said he, "there was a letter handed in 20.3
to-day:

"Por cierto", dijo, "hoy nos han entregado una carta:

what was the messenger like?" 20.4

¿cómo era el mensajero?"

But Poole was positive nothing had come except by 20.5
post; "and only circulars by that," he added.

Pero Poole estaba seguro de que sólo había llegado por
correo, "y sólo circulares", añadió.

This news sent off the visitor with his fears renewed. 21.1

Esta noticia hizo que el visitante renovara sus temores.

Plainly the letter had come by the laboratory door; 21.2

Era evidente que la carta había llegado por la puerta del
laboratorio;

21.3 possibly, indeed, it had been written in the cabinet;

posiblemente, de hecho, había sido escrita en el gabinete;

21.4 and if that were so, it must be differently judged, and handled with the more caution.

y si era así, debía ser juzgada de otro modo y tratada con mayor cautela.

21.5 The newsboys, as he went, were crying themselves hoarse along the footways:

Los repartidores de periódicos, a su paso, gritaban roncos por las aceras:

21.6 "Special edition.

"Edición especial.

21.7 Shocking murder of an M.P." That was the funeral oration of one friend and client; and he could not help a certain apprehension lest the good name of another should be sucked down in the eddy of the scandal."

Impactante asesinato de un diputado."

21.8 It was, at least, a ticklish decision that he had to make; and self-reliant as he was by habit, he began to cherish a longing for advice.

Aquella era la oración fúnebre de un amigo y cliente, y él no podía evitar cierto temor de que el buen nombre de otro fuera arrastrado por el remolino del escándalo.

21.9 It was not to be had directly;

Era, por lo menos, una decisión delicada la que tenía que tomar;

but perhaps, he thought, it might be fished for. . 21.10

y autosuficiente como era por costumbre, empezó a anhelar un consejo. No podía obtenerlo directamente, pero tal vez, pensó, podría pescarlo.

Presently after, he sat on one side of his own hearth, 22.1
with Mr. Guest, his head clerk, upon the other, and midway between, at a nicely calculated distance from the fire, a bottle of a particular old wine that had long dwelt unsunned in the foundations of his house.

Poco después, se sentó a un lado de su propia chimenea, con el señor Guest, su dependiente jefe, al otro, y en medio, a una distancia bien calculada del fuego, una botella de un vino añejo particular que durante mucho tiempo había permanecido impoluto en los cimientos de su casa.

The fog still slept on the wing above the drowned city, 22.2
La niebla seguía durmiendo sobre la ciudad ahogada,

where the lamps glimmered like carbuncles; 22.3
donde las lámparas brillaban como carbuncos;

and through the muffle and smother of these fallen 22.4
clouds,
y a través de las nubes caídas,

the procession of the town's life was still rolling in 22.5
through the great arteries with a sound as of a mighty wind.
la procesión de la vida de la ciudad seguía rodando por las grandes arterias con el sonido de un viento poderoso.

But the room was gay with firelight. 22.6
Pero la habitación estaba alegre por la luz del fuego.

In the bottle the acids were long ago resolved; 22.7
En la botella los ácidos se habían resuelto hacía tiempo;

22.8 the imperial dye had softened with time,

el tinte imperial se había suavizado con el tiempo,

22.9 as the colour grows richer in stained windows;

como el color se enriquece en las vidrieras;

22.10 and the glow of hot autumn afternoons on hillside vineyards,

y el resplandor de las calurosas tardes de otoño en los viñedos de las laderas,

22.11 was ready to be set free and to disperse the fogs of London.

estaba listo para liberarse y dispersar las nieblas de Londres.

22.12 Insensibly the lawyer melted.

Insensiblemente, el abogado se derritió.

22.13 There was no man from whom he kept fewer secrets than Mr. Guest;

No había hombre del que guardara menos secretos que del señor Guest;

22.14 and he was not always sure that he kept as many as he meant.

y no siempre estaba seguro de que guardara tantos como pretendía.

22.15 Guest had often been on business to the doctor's;

Guest había ido a menudo por negocios a casa del doctor;

22.16 he knew Poole;

conocía a Poole;

he could scarce have failed to hear of Mr. Hyde's familiarity about the house; 22.17

no podía dejar de oír hablar de la familiaridad del señor Hyde con la casa;

he might draw conclusions: 22.18

podía sacar conclusiones:

was it not as well, then, that he should see a letter which put that mystery to right? 22.19

¿no era mejor, entonces, que viera una carta que aclarara aquel misterio?

and above all since Guest, being a great student and critic of handwriting, would consider the step natural and obliging? 22.20

y sobre todo, puesto que Guest, siendo un gran estudioso y crítico de la escritura, consideraría el paso natural y servicial?

The clerk, besides, was a man of counsel; 22.21

El secretario, además, era un hombre de consejo;

he could scarce read so strange a document without dropping a remark; 22.22

difícilmente podría leer un documento tan extraño sin soltar una observación;

and by that remark Mr. Utterson might shape his future course. 22.23

y por esa observación el señor Utterson podría trazar su futuro curso.

"This is a sad business about Sir Danvers," he said. 23.1

"Este es un triste asunto sobre Sir Danvers," dijo.

24.1 "Yes, sir, indeed.
"Sí, señor.

24.2 It has elicited a great deal of public feeling,"
Ha suscitado un gran sentimiento público,"

24.3 returned Guest. "The man, of course, was mad."
respondió Guest. "El hombre, por supuesto, estaba loco."

25.1 "I should like to hear your views on that," replied Utterson.
"Me gustaría conocer su opinión al respecto - respondió Utterson-.

25.2 "I have a document here in his handwriting;
"Tengo aquí un documento de su puño y letra;

25.3 it is between ourselves, for I scarce know what to do about it;
queda entre nosotros, pues apenas sé qué hacer con él;

25.4 it is an ugly business at the best. But there it is;
es un asunto feo en el mejor de los casos. Pero ahí está;

25.5 quite in your way: a murderer's autograph."
muy a su manera: el autógrafo de un asesino."

26.1 Guest's eyes brightened,
Los ojos de Guest se iluminaron,

26.2 and he sat down at once and studied it with passion.
se sentó de inmediato y lo estudió con pasión.

26.3 "No sir," he said: "not mad;
"No, señor", dijo: "No está loco;

but it is an odd hand."   26.4

pero es una mano extraña."

"And by all accounts a very odd writer," added the   27.1
lawyer.

"Y, según todos los indicios, un escritor muy raro", añadió
el abogado.

Just then the servant entered with a note.   28.1

En ese momento entró el criado con una nota.

"Is that from Dr. Jekyll, sir?" inquired the clerk.   29.1

"¿Es del Dr. Jekyll, señor?" preguntó el empleado.

"I thought I knew the writing. Anything private,   29.2

"Pensé que sabía la escritura. ¿Algo privado,

Mr. Utterson?"   29.3

Sr. Utterson?"

"Only an invitation to dinner. Why? Do you want to   30.1
see it?"

"Sólo una invitación a cenar. ¿Por qué? ¿Quieres verlo?"

"One moment.   31.1

"Un momento.

I thank you, sir;" and the clerk laid the two sheets   31.2
of paper alongside and sedulously compared their
contents.

Se lo agradezco, señor", y el empleado colocó las dos hojas
de papel una junto a la otra y comparó detenidamente su
contenido.

31.3 "Thank you, sir," he said at last, returning both;

"Gracias, señor", dijo al fin, devolviéndole ambos;

31.4 "it's a very interesting autograph."

"es un autógrafo muy interesante."

32.1 There was a pause,

Hubo una pausa,

32.2 during which Mr. Utterson struggled with himself.

durante la cual el señor Utterson luchó consigo mismo.

32.3 "Why did you compare them, Guest?" he inquired suddenly.

"¿Por qué las comparaste, Guest?" preguntó de pronto.

33.1 "Well, sir," returned the clerk, "there's a rather singular resemblance;

"Bueno, señor", respondió el empleado, "hay un parecido bastante singular;

33.2 the two hands are in many points identical:

las dos manos son en muchos puntos idénticas:

33.3 only differently sloped."

sólo que con diferente inclinación."

34.1 "Rather quaint," said Utterson.

"Bastante pintoresco," dijo Utterson.

35.1 "It is, as you say, rather quaint," returned Guest.

"Es, como usted dice, bastante pintoresco", respondió Guest.

"I wouldn't speak of this note, you know," said the master.   36.1

"Yo no hablaría de esta nota, ¿sabe?" dijo el maestro.

"No, sir," said the clerk. "I understand."   37.1

"No, señor", dijo el empleado. "Entiendo."

But no sooner was Mr. Utterson alone that night, than he locked the note into his safe, where it reposed from that time forward.   38.1

Pero en cuanto el Sr. Utterson se quedó solo aquella noche, guardó la nota en su caja fuerte, donde permaneció desde entonces.

"What!" he thought.   38.2

"¡Qué!" pensó.

"Henry Jekyll forge for a murderer!"   38.3

"¡Henry Jekyll forja para un asesino!"

And his blood ran cold in his veins.   38.4

Y se le heló la sangre en las venas.

INCIDENT OF DR. LANYON

INCIDENTE DEL DR. LANYON

1.1 **Time ran on; thousands of pounds were offered in reward,**
Pasó el tiempo; se ofrecieron miles de libras como recompensa,

1.2 **for the death of Sir Danvers was resented as a public injury;**
pues la muerte de Sir Danvers se resintió como un agravio público;

1.3 **but Mr. Hyde had disappeared out of the ken of the police as though he had never existed.**
pero el señor Hyde había desaparecido del conocimiento de la policía como si nunca hubiera existido.

1.4 **Much of his past was unearthed, indeed, and all disreputable:**
Se desenterraron muchas cosas de su pasado, todas ellas de dudosa reputación:

1.5 **tales came out of the man's cruelty,**
se habló de la crueldad del hombre,

at once so callous and violent; 1.6

tan cruel y violenta a la vez;

of his vile life, of his strange associates, of the hatred 1.7
that seemed to have surrounded his career;

de su vil vida, de sus extraños socios, del odio que parecía
haber rodeado su carrera;

but of his present whereabouts, not a whisper. 1.8

pero de su paradero actual, ni un susurro.

From the time he had left the house in Soho on the 1.9
morning of the murder,

Desde el momento en que abandonó la casa de Soho la
mañana del asesinato,

he was simply blotted out; 1.10

fue simplemente borrado;

and gradually, as time drew on, Mr. Utterson began 1.11
to recover from the hotness of his alarm, and to grow
more at quiet with himself.

y poco a poco, a medida que pasaba el tiempo, el señor
Utterson empezó a recuperarse del ardor de su alarma y a
sentirse más tranquilo consigo mismo.

The death of Sir Danvers was, to his way of thinking, 1.12
more than paid for by the disappearance of Mr. Hyde.

A su modo de ver, la muerte de Sir Danvers había sido
compensada con creces por la desaparición del señor Hyde.

Now that that evil influence had been withdrawn, 1.13

Ahora que esa influencia maligna se había retirado,

a new life began for Dr. Jekyll. 1.14

comenzaba una nueva vida para el doctor Jekyll.

1.15 He came out of his seclusion, renewed relations with his friends, became once more their familiar guest and entertainer;

Salió de su reclusión, reanudó las relaciones con sus amigos, volvió a ser su invitado y agasajado familiar;

1.16 and whilst he had always been known for charities,

y aunque siempre había sido conocido por sus obras de caridad,

1.17 he was now no less distinguished for religion.

ahora no se distinguía menos por su religión.

1.18 He was busy, he was much in the open air, he did good;

Estaba ocupado, pasaba mucho tiempo al aire libre, hacía el bien;

1.19 his face seemed to open and brighten,

su rostro parecía abrirse e iluminarse,

1.20 as if with an inward consciousness of service;

como con una conciencia interior de servicio;

1.21 and for more than two months, the doctor was at peace.

y durante más de dos meses, el doctor estuvo en paz.

2.1 On the 8th of January Utterson had dined at the doctor's with a small party;

El 8 de enero Utterson había cenado en casa del doctor con un pequeño grupo;

2.2 Lanyon had been there;

Lanyon había estado allí;

and the face of the host had looked from one to the other as in the old days when the trio were inseparable friends.

2.3

y el rostro del anfitrión había mirado de uno a otro como en los viejos tiempos en que el trío era amigo inseparable.

On the 12th, and again on the 14th, the door was shut against the lawyer.

2.4

El día 12, y de nuevo el 14, la puerta se cerró contra el abogado.

"The doctor was confined to the house," Poole said, "and saw no one."

2.5

"El doctor estaba confinado en la casa", dijo Poole, "y no veía a nadie."

On the 15th, he tried again, and was again refused;

2.6

El día 15 volvió a intentarlo, y de nuevo se le negó;

and having now been used for the last two months to see his friend almost daily,

2.7

y como durante los dos últimos meses había estado acostumbrado a ver a su amigo casi a diario,

he found this return of solitude to weigh upon his spirits.

2.8

esta vuelta a la soledad le pesó en el ánimo.

The fifth night he had in Guest to dine with him; and the sixth he betook himself to Dr. Lanyon's.

2.9

La quinta noche fue invitado a cenar con él, y la sexta fue a casa del doctor Lanyon.

There at least he was not denied admittance;

3.1

Allí al menos no le negaron la entrada;

3.2 **but when he came in,**

pero cuando entró,

3.3 **he was shocked at the change which had taken place in the doctor's appearance.**

le sorprendió el cambio que se había producido en el aspecto del doctor.

3.4 **He had his death-warrant written legibly upon his face.**

Tenía su sentencia de muerte escrita legiblemente en la cara.

3.5 **The rosy man had grown pale;**

El hombre sonrosado se había vuelto pálido;

3.6 **his flesh had fallen away;**

su carne se había desprendido;

3.7 **he was visibly balder and older;**

estaba visiblemente más calvo y viejo;

3.8 **and yet it was not so much these tokens of a swift physical decay that arrested the lawyer's notice, as a look in the eye and quality of manner that seemed to testify to some deep-seated terror of the mind.**

y sin embargo, no fueron tanto estos indicios de una rápida decadencia física los que llamaron la atención del abogado, como una mirada en los ojos y una actitud que parecían atestiguar algún terror profundamente arraigado en la mente.

3.9 **It was unlikely that the doctor should fear death;**

Era improbable que el doctor temiera a la muerte;

and yet that was what Utterson was tempted to suspect.

3.10

y, sin embargo, eso fue lo que Utterson estuvo tentado de sospechar.

"Yes," he thought; "he is a doctor,

3.11

"Sí," pensó; "es médico,

he must know his own state and that his days are counted;

3.12

debe conocer su propio estado y que sus días están contados;

and the knowledge is more than he can bear."

3.13

y el saberlo es más de lo que puede soportar."

And yet when Utterson remarked on his ill looks, it was with an air of great firmness that Lanyon declared himself a doomed man.

3.14

Y sin embargo, cuando Utterson le hizo notar su mal aspecto, Lanyon se declaró, con aire de gran firmeza, un hombre condenado.

"I have had a shock," he said, "and I shall never recover.

4.1

"He sufrido un shock", dijo, "y nunca me recuperaré.

It is a question of weeks. Well, life has been pleasant;

4.2

Es cuestión de semanas. Bueno, la vida ha sido agradable;

I liked it; yes, sir, I used to like it.

4.3

me gustaba; sí, señor, solía gustarme.

I sometimes think if we knew all,

4.4

A veces pienso que si lo supiéramos todo,

4.5 we should be more glad to get away."

nos alegraríamos más de irnos."

5.1 "Jekyll is ill, too," observed Utterson.

"Jekyll también está enfermo", observó Utterson.

5.2 "Have you seen him?"

"¿Le has visto?"

6.1 But Lanyon's face changed, and he held up a trembling hand.

Pero el rostro de Lanyon cambió y levantó una mano temblorosa.

6.2 "I wish to see or hear no more of Dr. Jekyll," he said in a loud, unsteady voice.

"No quiero ver ni oír nada más del doctor Jekyll", dijo con voz fuerte y temblorosa.

6.3 "I am quite done with that person;

"He terminado con esa persona;

6.4 and I beg that you will spare me any allusion to one whom I regard as dead."

y le ruego que me ahorre cualquier alusión a alguien a quien considero muerto."

7.1 "Tut, tut!" said Mr. Utterson;

"¡Tut, tut!" dijo el señor Utterson;

7.2 and then after a considerable pause, "Can't I do anything?"

y luego, tras una pausa considerable, "¿No puedo hacer nada?"

he inquired. "We are three very old friends, Lanyon;   7.3
inquirió. "Somos tres viejos amigos, Lanyon;

we shall not live to make others."   7.4
no viviremos para hacer otros."

"Nothing can be done," returned Lanyon;   8.1
"No se puede hacer nada," respondió Lanyon;

"ask himself."   8.2
"pregúntese a sí mismo."

"He will not see me," said the lawyer.   9.1
"No quiere verme," dijo el abogado.

"I am not surprised at that," was the reply.   10.1
"No me sorprende," fue la respuesta.

"Some day, Utterson, after I am dead, you may   10.2
perhaps come to learn the right and wrong of this.
"Algún día, Utterson, después de mi muerte, tal vez llegues
a saber lo que está bien y lo que está mal.

I cannot tell you.   10.3
No puedo decírtelo.

And in the meantime, if you can sit and talk with me   10.4
of other things, for God's sake, stay and do so;
Y mientras tanto, si puedes sentarte y hablar conmigo de
otras cosas, por el amor de Dios, quédate y hazlo;

10.5 but if you cannot keep clear of this accursed topic, then in God's name, go, for I cannot bear it."

pero si no puedes mantenerte alejado de este maldito tema, entonces, en nombre de Dios, vete, porque no puedo soportarlo."

11.1 As soon as he got home, Utterson sat down and wrote to Jekyll, complaining of his exclusion from the house, and asking the cause of this unhappy break with Lanyon;

Tan pronto como llegó a casa, Utterson se sentó y escribió a Jekyll, quejándose de su exclusión de la casa, y preguntando la causa de esta infeliz ruptura con Lanyon;

11.2 and the next day brought him a long answer, often very pathetically worded, and sometimes darkly mysterious in drift.

y al día siguiente le trajo una larga respuesta, a menudo muy patéticamente redactada, y a veces oscuramente misteriosa en su deriva.

11.3 The quarrel with Lanyon was incurable.

La disputa con Lanyon era incurable.

11.4 "I do not blame our old friend," Jekyll wrote, "but I share his view that we must never meet.

"No culpo a nuestro viejo amigo - escribió Jekyll-, pero comparto su opinión de que nunca debemos vernos.

11.5 I mean from henceforth to lead a life of extreme seclusion;

De ahora en adelante me propongo llevar una vida de extrema reclusión;

you must not be surprised, nor must you doubt my friendship, if my door is often shut even to you.   11.6

no debes sorprenderte, ni dudar de mi amistad, si mi puerta se cierra a menudo incluso para ti.

You must suffer me to go my own dark way.   11.7

Debes dejarme seguir mi oscuro camino.

I have brought on myself a punishment and a danger that I cannot name.   11.8

Me he acarreado un castigo y un peligro que no puedo nombrar.

If I am the chief of sinners,   11.9

Si soy el primero de los pecadores,

I am the chief of sufferers also.   11.10

también soy el primero de los que sufren.

I could not think that this earth contained a place for sufferings and terrors so unmanning;   11.11

No podía pensar que esta tierra contuviera un lugar para sufrimientos y terrores tan poco humanos;

and you can do but one thing, Utterson, to lighten this destiny, and that is to respect my silence."   11.12

y tú sólo puedes hacer una cosa, Utterson, para aligerar este destino, y es respetar mi silencio."

Utterson was amazed;   11.13

Utterson estaba asombrado;

the dark influence of Hyde had been withdrawn,   11.14

la oscura influencia de Hyde se había retirado,

the doctor had returned to his old tasks and amities;   11.15

el doctor había vuelto a sus antiguas tareas y amistades;

11.16 a week ago,

hacía una semana,

11.17 the prospect had smiled with every promise of a cheerful and an honoured age;

la perspectiva había sonreído con todas las promesas de una edad alegre y honrosa;

11.18 and now in a moment, friendship, and peace of mind, and the whole tenor of his life were wrecked.

y ahora, en un momento, la amistad, la paz de espíritu y todo el tenor de su vida habían naufragado.

11.19 So great and unprepared a change pointed to madness;

Un cambio tan grande y tan imprevisto apuntaba a la locura;

11.20 but in view of Lanyon's manner and words,

pero a la vista de los modales y las palabras de Lanyon,

11.21 there must lie for it some deeper ground.

debía de haber algún motivo más profundo.

12.1 A week afterwards Dr. Lanyon took to his bed, and in something less than a fortnight he was dead.

Una semana después, el doctor Lanyon se acostó en su cama, y en algo menos de quince días había muerto.

The night after the funeral, at which he had been
sadly affected, Utterson locked the door of his
business room, and sitting there by the light of a
melancholy candle, drew out and set before him an
envelope addressed by the hand and sealed with the
seal of his dead friend.

12.2

La noche siguiente al funeral, en el que se había sentido
tristemente afectado, Utterson cerró la puerta de su
despacho y, sentado allí a la luz de una melancólica vela,
sacó y puso ante sí un sobre dirigido por la mano y lacrado
con el sello de su difunto amigo.

"PRIVATE:

12.3

"PRIVADO:

for the hands of G. J. Utterson ALONE, and in case
of his predecease to be destroyed unread," so it was
emphatically superscribed;

12.4

para las manos de G. J. Utterson SOLO, y en caso de su
fallecimiento para ser destruido sin leer", así estaba
rotulado enfáticamente;

and the lawyer dreaded to behold the contents.

12.5

y el abogado temió contemplar el contenido.

"I have buried one friend to-day," he thought:

12.6

"Hoy he enterrado a un amigo," pensó:

"what if this should cost me another?"

12.7

"¿Y si esto me costara otro?"

And then he condemned the fear as a disloyalty,

12.8

Y entonces condenó el temor como una deslealtad,

and broke the seal.

12.9

y rompió el sello.

12.10 Within there was another enclosure, likewise sealed, and marked upon the cover as

Dentro había otra caja, igualmente sellada, y marcada en la cubierta como

12.11 "not to be opened till the death or disappearance of Dr. Henry Jekyll."

"no abrir hasta la muerte o desaparición del doctor Henry Jekyll."

12.12 Utterson could not trust his eyes. Yes,

Utterson no podía confiar en sus ojos. Sí,

12.13 it was disappearance;

era una desaparición;

12.14 here again, as in the mad will which he had long ago restored to its author, here again were the idea of a disappearance and the name of Henry Jekyll bracketted.

aquí también, como en el loco testamento que hacía tiempo había devuelto a su autor, aquí también estaban entre corchetes la idea de una desaparición y el nombre de Henry Jekyll.

12.15 But in the will,

Pero en el testamento,

12.16 that idea had sprung from the sinister suggestion of the man Hyde;

esa idea había surgido de la siniestra sugerencia del hombre Hyde;

12.17 it was set there with a purpose all too plain and horrible.

estaba puesta allí con un propósito demasiado claro y horrible.

Written by the hand of Lanyon, what should it mean?   12.18
Escrito por la mano de Lanyon, ¿qué significaría?

A great curiosity came on the trustee,   12.19
El fideicomisario sintió una gran curiosidad por hacer caso
omiso de la prohibición y sumergirse de inmediato en el
fondo de aquellos misterios; pero el honor profesional y la
fe hacia su amigo muerto eran obligaciones estrictas,

to disregard the prohibition and dive at once to   12.20
the bottom of these mysteries; but professional
honour and faith to his dead friend were stringent
obligations; and the packet slept in the inmost corner
of his private safe.
y el paquete dormía en el rincón más recóndito de su caja
fuerte privada.

It is one thing to mortify curiosity, another to   13.1
conquer it;
Una cosa es mortificar la curiosidad y otra conquistarla;

and it may be doubted if, from that day forth,   13.2
Utterson desired the society of his surviving friend
with the same eagerness.
y cabe dudar de que, a partir de aquel día, Utterson deseara
la compañía de su amigo superviviente con el mismo afán.

He thought of him kindly;   13.3
Pensaba en él amablemente;

but his thoughts were disquieted and fearful.   13.4
pero sus pensamientos eran inquietos y temerosos.

He went to call indeed;   13.5
Fue a visitarlo, en efecto;

13.6 but he was perhaps relieved to be denied admittance;

pero tal vez se sintió aliviado cuando le negaron la entrada;

13.7 perhaps, in his heart, he preferred to speak with Poole upon the doorstep and surrounded by the air and sounds of the open city, rather than to be admitted into that house of voluntary bondage, and to sit and speak with its inscrutable recluse.

tal vez, en el fondo de su corazón, prefería hablar con Poole en el umbral y rodeado del aire y los sonidos de la ciudad abierta, antes que ser admitido en aquella casa de servidumbre voluntaria, y sentarse a hablar con su inescrutable recluso.

13.8 Poole had, indeed, no very pleasant news to communicate.

Poole no tenía, en efecto, noticias muy agradables que comunicar.

13.9 The doctor, it appeared, now more than ever confined himself to the cabinet over the laboratory, where he would sometimes even sleep;

El doctor, al parecer, se recluía ahora más que nunca en el gabinete que había sobre el laboratorio, donde a veces incluso dormía;

13.10 he was out of spirits, he had grown very silent, he did not read;

estaba sin ánimo, se había vuelto muy silencioso, no leía;

13.11 it seemed as if he had something on his mind.

parecía como si tuviera algo en la cabeza.

13.12 Utterson became so used to the unvarying character of these reports,

Utterson se acostumbró tanto al carácter invariable de estos informes,

that he fell off little by little in the frequency of his visits.   13.13

que fue disminuyendo poco a poco la frecuencia de sus visitas.

INCIDENT AT THE WINDOW

INCIDENTE EN LA VENTANA

1.1 It chanced on Sunday, when Mr. Utterson was on his usual walk with Mr. Enfield, that their way lay once again through the by-street; and that when they came in front of the door, both stopped to gaze on it.

El domingo, cuando el señor Utterson daba su paseo habitual con el señor Enfield, su camino pasaba de nuevo por la callejuela y, al llegar frente a la puerta, ambos se detuvieron para contemplarla.

2.1 "Well," said Enfield, "that story's at an end at least.

"Bueno", dijo Enfield, "al menos esa historia ha terminado.

2.2 We shall never see more of Mr. Hyde."

No volveremos a ver al señor Hyde."

3.1 "I hope not," said Utterson.

"Espero que no," dijo Utterson.

3.2 "Did I ever tell you that I once saw him, and shared your feeling of repulsion?"

"¿Te he dicho alguna vez que una vez lo vi y compartí tu sentimiento de repulsión?"

"It was impossible to do the one without the other," 4.1

"Era imposible hacer una cosa sin la otra,"

returned Enfield. 4.2

respondió Enfield.

"And by the way, what an ass you must have thought 4.3
me, not to know that this was a back way to Dr.
Jekyll's!

"Y por cierto, ¡qué imbécil me habrás tomado por no saber
que éste era el camino de vuelta a casa del doctor Jekyll!

It was partly your own fault that I found it out, 4.4

En parte fue culpa tuya que lo descubriera,

even when I did." 4.5

incluso cuando lo hice."

"So you found it out, did you?" said Utterson. 5.1

"Así que lo descubriste, ¿verdad?" dijo Utterson.

"But if that be so, 5.2

"Pero si es así,

we may step into the court and take a look at the 5.3
windows.

podemos entrar en el patio y echar un vistazo a las
ventanas.

To tell you the truth, I am uneasy about poor Jekyll; 5.4

A decir verdad, estoy inquieto por el pobre Jekyll;

and even outside, 5.5

e incluso fuera,

5.6 I feel as if the presence of a friend might do him good."

siento como si la presencia de un amigo pudiera hacerle bien."

6.1 The court was very cool and a little damp, and full of premature twilight, although the sky, high up overhead, was still bright with sunset.

El patio estaba muy fresco y un poco húmedo, y lleno de un crepúsculo prematuro, aunque el cielo, en lo alto, aún brillaba con la puesta de sol.

6.2 The middle one of the three windows was half-way open;

La ventana del medio, de las tres, estaba entreabierta;

6.3 and sitting close beside it, taking the air with an infinite sadness of mien, like some disconsolate prisoner, Utterson saw Dr. Jekyll.

y sentado junto a ella, tomando el aire con infinita tristeza, como un prisionero desconsolado, Utterson vio al doctor Jekyll.

7.1 "What! Jekyll!" he cried. "I trust you are better."

"¡Qué! ¡Jekyll!" gritó. "Confío en que estés mejor."

8.1 "I am very low, Utterson," replied the doctor drearily, "very low.

"Estoy muy decaído, Utterson", contestó el doctor con tristeza, "muy decaído.

8.2 It will not last long, thank God."

No durará mucho, gracias a Dios."

"You stay too much indoors," said the lawyer.   9.1
"Te quedas demasiado en casa," dijo el abogado.

"You should be out,   9.2
"Deberías estar fuera,

whipping up the circulation like Mr. Enfield and me.   9.3
azuzando la circulación como el señor Enfield y yo.

(This is my cousin — Mr. Enfield — Dr. Jekyll.)   9.4
(Este es mi primo, el señor Enfield, el doctor Jekyll.)

Come now;   9.5
Ven ahora;

get your hat and take a quick turn with us."   9.6
coge tu sombrero y date una vuelta rápida con nosotros."

"You are very good," sighed the other.   10.1
"Eres muy bueno," suspiró el otro.

"I should like to very much;   10.2
"Me gustaría mucho;

but no, no, no, it is quite impossible; I dare not.   10.3
pero no, no, no, es imposible; no me atrevo.

But indeed, Utterson, I am very glad to see you;   10.4
Pero, en verdad, Utterson, me alegro mucho de verte;

this is really a great pleasure;   10.5
esto es realmente un gran placer;

I would ask you and Mr. Enfield up,   10.6
os invitaría a ti y al señor Enfield a subir,

10.7 but the place is really not fit."

pero el lugar no es realmente adecuado."

11.1 "Why, then," said the lawyer, good-naturedly, "the best thing we can do is to stay down here and speak with you from where we are."

"Pues entonces", dijo el abogado con buen humor, "lo mejor que podemos hacer es quedarnos aquí abajo y hablar con usted desde donde estamos."

12.1 "That is just what I was about to venture to propose," returned the doctor with a smile.

"Eso es precisamente lo que estaba a punto de proponer - respondió el doctor con una sonrisa.

12.2 But the words were hardly uttered, before the smile was struck out of his face and succeeded by an expression of such abject terror and despair, as froze the very blood of the two gentlemen below.

Pero apenas pronunció estas palabras, la sonrisa se borró de su rostro y fue reemplazada por una expresión de terror y desesperación tan abyecta que heló la sangre de los dos caballeros que estaban abajo.

12.3 They saw it but for a glimpse for the window was instantly thrust down;

No lo vieron más que de refilón, porque la ventana se cerró de golpe;

12.4 but that glimpse had been sufficient,

pero ese refilón había sido suficiente,

12.5 and they turned and left the court without a word.

y se dieron la vuelta y abandonaron el patio sin decir palabra.

In silence, too, they traversed the by-street; and it 12.6
was not until they had come into a neighbouring
thoroughfare, where even upon a Sunday there were
still some stirrings of life, that Mr. Utterson at last
turned and looked at his companion.

También atravesaron la callejuela en silencio, y no fue
hasta que llegaron a una calle vecina, donde incluso
en domingo todavía había algo de vida, cuando el señor
Utterson se volvió por fin y miró a su compañero.

They were both pale; and there was an answering 12.7
horror in their eyes.

Los dos estaban pálidos, y en sus ojos se reflejaba el horror.

"God forgive us, God forgive us," said Mr. Utterson. 13.1

"Que Dios nos perdone, que Dios nos perdone", dijo el Sr.
Utterson.

But Mr. Enfield only nodded his head very seriously, 14.1
and walked on once more in silence.

Pero el señor Enfield se limitó a asentir con la cabeza, muy
serio, y volvió a caminar en silencio.

THE LAST NIGHT

LA ÚLTIMA NOCHE

1.1 Mr. Utterson was sitting by his fireside one evening after dinner, when he was surprised to receive a visit from Poole.

El señor Utterson estaba sentado junto a la chimenea una noche, después de cenar, cuando recibió con sorpresa la visita de Poole.

2.1 "Bless me, Poole, what brings you here?" he cried;

"Bendito seas, Poole, ¿qué te trae por aquí?" gritó;

2.2 and then taking a second look at him, "What ails you?"

y luego, echándole una segunda mirada, "¿qué te aflige?"

2.3 he added; "is the doctor ill?"

añadió; "¿está enfermo el doctor?"

3.1 "Mr. Utterson," said the man, "there is something wrong."

"Sr. Utterson", dijo el hombre, "algo va mal."

"Take a seat, and here is a glass of wine for you," said the lawyer.   4.1

"Tome asiento y aquí tiene un vaso de vino", dijo el abogado.

"Now, take your time, and tell me plainly what you want."   4.2

"Ahora, tómese su tiempo y dígame claramente lo que quiere."

"You know the doctor's ways, sir," replied Poole, "and how he shuts himself up.   5.1

"Ya conoce las costumbres del doctor, señor - respondió Poole-, y cómo se encierra en sí mismo.

Well, he's shut up again in the cabinet; and I don't like it, sir — I wish I may die if I like it.   5.2

Pues bien, ha vuelto a encerrarse en el gabinete; y no me gusta, señor; ojalá me muriera si me gustara.

Mr. Utterson, sir, I'm afraid."   5.3

Sr. Utterson, señor, me temo."

"Now, my good man," said the lawyer, "be explicit.   6.1

"Ahora, buen hombre", dijo el abogado, "sea explícito.

What are you afraid of?"   6.2

¿De qué tiene miedo?"

"I've been afraid for about a week," returned Poole, doggedly disregarding the question, "and I can bear it no more."   7.1

"Hace como una semana que tengo miedo", respondió Poole, haciendo caso omiso obstinadamente de la pregunta, "y no puedo soportarlo más."

8.1 The man's appearance amply bore out his words; his manner was altered for the worse; and except for the moment when he had first announced his terror, he had not once looked the lawyer in the face.

El aspecto del hombre corroboraba ampliamente sus palabras; sus modales habían empeorado y, salvo en el momento en que anunció su terror, no había mirado ni una sola vez a la cara al abogado.

8.2 Even now, he sat with the glass of wine untasted on his knee, and his eyes directed to a corner of the floor.

Incluso ahora, estaba sentado con el vaso de vino sin probar sobre las rodillas y los ojos dirigidos hacia una esquina del suelo.

8.3 "I can bear it no more," he repeated.

"No puedo soportarlo más," repitió.

9.1 "Come," said the lawyer, "I see you have some good reason, Poole;

"Vamos", dijo el abogado, "veo que tienes alguna buena razón, Poole;

9.2 I see there is something seriously amiss.

veo que hay algo seriamente mal.

9.3 Try to tell me what it is."

Trata de decirme qué es."

10.1 "I think there's been foul play," said Poole, hoarsely.

"Creo que ha habido juego sucio", dijo Poole, con voz ronca.

11.1 "Foul play!" cried the lawyer,

"¡Juego sucio!" gritó el abogado,

a good deal frightened and rather inclined to be irritated in consequence.

11.2

bastante asustado e inclinado a irritarse en consecuencia.

"What foul play! What does the man mean?"

11.3

"¡Qué juego sucio! ¿Qué quiere decir ese hombre?"

"I daren't say, sir," was the answer;

12.1

"No me atrevo a decirlo, señor", fue la respuesta;

"but will you come along with me and see for yourself?"

12.2

"¿pero vendrá conmigo y lo verá usted mismo?"

Mr. Utterson's only answer was to rise and get his hat and greatcoat;

13.1

La única respuesta del señor Utterson fue levantarse y coger su sombrero y su gabán;

but he observed with wonder the greatness of the relief that appeared upon the butler's face, and perhaps with no less, that the wine was still untasted when he set it down to follow.

13.2

pero observó con asombro la grandeza del alivio que apareció en el rostro del mayordomo, y quizá con no menos, que el vino seguía sin probar cuando lo dejó para seguir.

It was a wild, cold, seasonable night of March, with a pale moon, lying on her back as though the wind had tilted her, and flying wrack of the most diaphanous and lawny texture.

14.1

Era una noche salvaje, fría, propia de marzo, con una luna pálida, tumbada de espaldas como si el viento la hubiera inclinado, y volando hilachas de la textura más diáfana y leonina.

14.2 The wind made talking difficult, and flecked the blood into the face.

El viento dificultaba el habla y salpicaba la sangre en la cara.

14.3 It seemed to have swept the streets unusually bare of passengers, besides; for Mr. Utterson thought he had never seen that part of London so deserted.

Además, parecía haber dejado las calles inusualmente vacías de pasajeros, pues el señor Utterson pensó que nunca había visto aquella parte de Londres tan desierta.

14.4 He could have wished it otherwise; never in his life had he been conscious of so sharp a wish to see and touch his fellow-creatures; for struggle as he might, there was borne in upon his mind a crushing anticipation of calamity.

Nunca en su vida había sentido un deseo tan agudo de ver y tocar a sus semejantes, pues por más que luchaba, sentía en su mente una aplastante anticipación de calamidad.

14.5 The square, when they got there, was full of wind and dust, and the thin trees in the garden were lashing themselves along the railing.

Cuando llegaron allí, la plaza estaba llena de viento y polvo, y los delgados árboles del jardín se azotaban contra la barandilla.

14.6 Poole, who had kept all the way a pace or two ahead, now pulled up in the middle of the pavement, and in spite of the biting weather, took off his hat and mopped his brow with a red pocket-handkerchief.

Poole, que había ido todo el camino uno o dos pasos por delante, se detuvo ahora en medio de la acera y, a pesar del tiempo cortante, se quitó el sombrero y se secó la frente con un pañuelo rojo.

But for all the hurry of his coming, these were not the dews of exertion that he wiped away, but the moisture of some strangling anguish; for his face was white and his voice, when he spoke, harsh and broken. 14.7

Pero a pesar de la prisa con que venía, lo que enjugaba no era el rocío del esfuerzo, sino la humedad de una angustia estranguladora, pues su rostro estaba blanco y su voz, cuando hablaba, áspera y quebrada.

"Well, sir," he said, "here we are, and God grant there be nothing wrong." 15.1

"Bueno, señor", dijo, "aquí estamos, y Dios quiera que no haya nada malo."

"Amen, Poole," said the lawyer. 16.1

"Amén, Poole", dijo el abogado.

Thereupon the servant knocked in a very guarded manner; 17.1

En ese momento el criado llamó a la puerta con mucha cautela;

the door was opened on the chain; 17.2

la puerta se abrió con la cadena;

and a voice asked from within, "Is that you, Poole?" 17.3

y una voz preguntó desde dentro: "¿Eres tú, Poole?"

"It's all right," said Poole. "Open the door." 18.1

"Está bien," dijo Poole. "Abre la puerta."

19.1 The hall, when they entered it, was brightly lighted up; the fire was built high; and about the hearth the whole of the servants, men and women, stood huddled together like a flock of sheep.

Cuando entraron en el salón, éste estaba muy iluminado; el fuego, muy alto, y alrededor de la chimenea todos los criados, hombres y mujeres, se apiñaban como un rebaño de ovejas.

19.2 At the sight of Mr. Utterson,

Al ver al señor Utterson,

19.3 the housemaid broke into hysterical whimpering; and the cook,

la criada prorrumpió en gimoteos histéricos; y la cocinera,

19.4 crying out "Bless God! it's Mr. Utterson,"

gritando "¡Bendito sea Dios! es el señor Utterson,"

19.5 ran forward as if to take him in her arms.

corrió hacia delante como si quisiera cogerlo en brazos.

20.1 "What, what? Are you all here?" said the lawyer peevishly.

"¿Qué, qué? ¿Estáis todos aquí?" dijo el abogado malhumorado.

20.2 "Very irregular, very unseemly;

"Muy irregular, muy indecoroso;

20.3 your master would be far from pleased."

su amo estaría lejos de estar complacido."

21.1 "They're all afraid," said Poole.

"Todos tienen miedo," dijo Poole.

Blank silence followed, no one protesting; 22.1

Siguió un silencio en blanco, nadie protestó;

only the maid lifted her voice and now wept loudly. 22.2

sólo la criada alzó la voz y ahora lloraba a gritos.

"Hold your tongue!" Poole said to her, 23.1

"¡Cállate!" le dijo Poole,

with a ferocity of accent that testified to his own 23.2
jangled nerves;

con una ferocidad de acento que atestiguaba sus propios
nervios crispados;

and indeed, when the girl had so suddenly raised 23.3
the note of her lamentation, they had all started and
turned towards the inner door with faces of dreadful
expectation.

y, en efecto, cuando la muchacha había elevado tan
repentinamente la nota de su lamento, todos se habían
puesto en marcha y se habían vuelto hacia la puerta
interior con caras de espantosa expectación.

"And now," continued the butler, addressing the 23.4
knife-boy, "reach me a candle, and we'll get this
through hands at once."

"Y ahora", continuó el mayordomo, dirigiéndose al mozo
de los cuchillos, "alcánzame una vela, y nos llevaremos esto
a las manos de una vez."

And then he begged Mr. Utterson to follow him, and 23.5
led the way to the back garden.

Luego le rogó al señor Utterson que le siguiera y se dirigió al
jardín trasero.

24.1 "Now, sir," said he, "you come as gently as you can.
"Ahora, señor", dijo él, "ven tan suavemente como puedas.

24.2 I want you to hear, and I don't want you to be heard.
Quiero que oigas, y no quiero que te oigan.

24.3 And see here, sir, if by any chance he was to ask you in, don't go."
Y mire, señor, si por casualidad le invitara a entrar, no vaya."

25.1 Mr. Utterson's nerves, at this unlooked-for termination, gave a jerk that nearly threw him from his balance;
Los nervios del señor Utterson, ante este inesperado desenlace, dieron una sacudida que casi le hizo perder el equilibrio;

25.2 but he recollected his courage and followed the butler into the laboratory building through the surgical theatre, with its lumber of crates and bottles, to the foot of the stair.
pero se armó de valor y siguió al mayordomo hasta el interior del laboratorio, a través del quirófano, con su amasijo de cajas y botellas, hasta el pie de la escalera.

25.3 Here Poole motioned him to stand on one side and listen; while he himself, setting down the candle and making a great and obvious call on his resolution, mounted the steps and knocked with a somewhat uncertain hand on the red baize of the cabinet door.
Allí Poole le indicó que se pusiera a un lado y escuchara, mientras él mismo, dejando la vela y haciendo un gran y evidente llamamiento a su resolución, subió los escalones y golpeó con mano un tanto insegura en el baiz rojo de la puerta del gabinete.

"Mr. Utterson, sir, asking to see you," he called;   26.1
"El señor Utterson, señor, pide verle", llamó;

and even as he did so,   26.2
y mientras lo hacía,

once more violently signed to the lawyer to give ear.   26.3
hizo una vez más una seña violenta al abogado para que le
prestara oídos.

A voice answered from within: 27.1
Una voz respondió desde el interior:

"Tell him I cannot see anyone," it said complainingly.   27.2
"Dile que no veo a nadie," dijo quejándose.

"Thank you, sir," said Poole, with a note of something   28.1
like triumph in his voice;
"Gracias, señor - dijo Poole, con una nota parecida al
triunfo en la voz;

and taking up his candle, he led Mr. Utterson back   28.2
across the yard and into the great kitchen, where the
fire was out and the beetles were leaping on the floor.
y cogiendo su vela, condujo al señor Utterson de vuelta al
patio y a la gran cocina, donde el fuego estaba apagado y los
escarabajos saltaban por el suelo.

"Sir," he said, looking Mr. Utterson in the eyes, "Was   29.1
that my master's voice?"
"Señor", dijo mirando al señor Utterson a los ojos, "¿era la
voz de mi amo?"

30.1 "It seems much changed," replied the lawyer, very pale, but giving look for look.

"Parece muy cambiado", respondió el abogado, muy pálido, pero dando mirada por mirada.

31.1 "Changed? Well, yes, I think so," said the butler.

"¿Cambiado? Pues sí, creo que sí", dijo el mayordomo.

31.2 "Have I been twenty years in this man's house,

"¿He estado veinte años en casa de este hombre,

31.3 to be deceived about his voice? No, sir;

para que me engañe acerca de su voz? No, señor;

31.4 master's made away with; he was made away with eight days ago,

el amo está liquidado; lo estuvo hace ocho días,

31.5 when we heard him cry out upon the name of God;

cuando le oímos clamar en el nombre de Dios;

31.6 and who's in there instead of him, and why it stays there, is a thing that cries to Heaven, Mr. Utterson!"

y quién está ahí dentro en lugar de él, y por qué se queda ahí, ¡es cosa que clama al cielo, señor Utterson!"

32.1 "This is a very strange tale, Poole;

"Es una historia muy extraña, Poole;

32.2 this is rather a wild tale my man," said Mr. Utterson, biting his finger.

es más bien una historia descabellada, amigo mío", dijo el señor Utterson, mordiéndose el dedo.

"Suppose it were as you suppose, supposing Dr. 32.3
Jekyll to have been — well, murdered, what could
induce the murderer to stay?

"Supongamos que fuera como usted supone, supongamos
que el doctor Jekyll hubiera sido — bueno, asesinado, ¿qué
podría inducir al asesino a quedarse?

That won't hold water; it doesn't commend itself to 32.4
reason."

Eso no se sostiene; no se recomienda a la razón."

"Well, Mr. Utterson, you are a hard man to satisfy, 33.1
but I'll do it yet," said Poole.

"Bueno, señor Utterson, es usted un hombre difícil de
satisfacer, pero aun así lo haré", dijo Poole.

"All this last week (you must know) him, or it, 33.2
whatever it is that lives in that cabinet, has been
crying night and day for some sort of medicine and
cannot get it to his mind.

"Toda esta última semana (usted debe saberlo) él, o eso, lo
que sea que vive en ese gabinete, ha estado llorando noche y
día por algún tipo de medicina y no puede hacérsela llegar a
la mente.

It was sometimes his way — the master's, that is — to 33.3
write his orders on a sheet of paper and throw it on
the stair.

A veces era su costumbre, la del amo, escribir sus órdenes
en una hoja de papel y arrojarla a la escalera.

We've had nothing else this week back; 33.4

No hemos tenido nada más esta semana;

33.5 nothing but papers, and a closed door, and the very meals left there to be smuggled in when nobody was looking.

nada más que papeles, y una puerta cerrada, y las mismas comidas dejadas allí para ser introducidas de contrabando cuando nadie miraba.

33.6 Well, sir, every day, ay, and twice and thrice in the same day, there have been orders and complaints, and I have been sent flying to all the wholesale chemists in town.

Pues bien, señor, todos los días, ay, y dos y tres veces en el mismo día, ha habido pedidos y quejas, y me han enviado volando a todas las farmacias mayoristas de la ciudad.

33.7 Every time I brought the stuff back, there would be another paper telling me to return it, because it was not pure, and another order to a different firm.

Cada vez que traía el material de vuelta, había otro papel diciéndome que lo devolviera, porque no era puro, y otro pedido a una firma diferente.

33.8 This drug is wanted bitter bad, sir, whatever for."

Esta droga es muy buscada, señor, sea para lo que sea."

34.1 "Have you any of these papers?" asked Mr. Utterson.

"¿Tiene alguno de estos papeles?" preguntó el señor Utterson.

35.1 Poole felt in his pocket and handed out a crumpled note, which the lawyer, bending nearer to the candle, carefully examined.

Poole rebuscó en su bolsillo y le entregó una nota arrugada, que el abogado, inclinándose hacia la vela, examinó cuidadosamente.

35.2 Its contents ran thus:

Su contenido decía así:

"Dr. Jekyll presents his compliments to Messrs. Maw.   35.3
"El doctor Jekyll saluda atentamente a los señores Maw.

He assures them that their last sample is impure and   35.4
quite useless for his present purpose.
Les asegura que su última muestra es impura y totalmente
inútil para su propósito actual.

In the year 18 — , Dr. J. purchased a somewhat large   35.5
quantity from Messrs. M. He now begs them to
search with most sedulous care, and should any of
the same quality be left, forward it to him at once.
En el año 18 — , el Dr. J. compró una cantidad algo grande
a los Sres. M. Ahora les ruega que busquen con el mayor
cuidado, y si queda algo de la misma calidad, se lo envíen
inmediatamente.

Expense is no consideration.   35.6
Los gastos no son un problema.

The importance of this to Dr. J. can hardly be   35.7
exaggerated."
La importancia de esto para el Dr. J. no puede ser
exagerada."

So far the letter had run composedly enough, but   35.8
here with a sudden splutter of the pen, the writer's
emotion had broken loose.
Hasta aquí la carta había transcurrido con suficiente
serenidad, pero aquí, con un repentino chisporroteo de
la pluma, la emoción del escritor se había desatado.

"For God's sake," he added, "find me some of the old."   35.9
"Por el amor de Dios", añadió, "encuéntrame algo de lo
viejo."

36.1 "This is a strange note," said Mr. Utterson;

"Es una nota extraña," dijo el señor Utterson;

36.2 and then sharply, "How do you come to have it open?"

y luego bruscamente: "¿Cómo es que la tiene abierta?"

37.1 "The man at Maw's was main angry, sir, and he threw it back to me like so much dirt," returned Poole.

"El hombre de Maw se enfadó mucho, señor, y me lo devolvió como si fuera basura", respondió Poole.

38.1 "This is unquestionably the doctor's hand, do you know?"

"Esta es sin duda la mano del doctor, ¿sabe usted?"

38.2 resumed the lawyer.

reanudó el abogado.

39.1 "I thought it looked like it," said the servant rather sulkily;

"Me pareció," dijo el criado algo enfurruñado;

39.2 and then, with another voice, "But what matters hand of write?"

y luego, con otra voz: "¿Pero qué importa mano de escribir?"

39.3 he said. "I've seen him!"

dijo. "¡Ya lo he visto!"

40.1 "Seen him?" repeated Mr. Utterson. "Well?"

"¿Lo has visto?" repitió el señor Utterson. "¿Y bien?"

"That's it!" said Poole. "It was this way.   41.1

"¡Eso es!" dijo Poole. "Fue así.

I came suddenly into the theatre from the garden.   41.2

Llegué de repente al teatro desde el jardín.

It seems he had slipped out to look for this drug or   41.3
whatever it is;

Parece que se había escabullido para buscar esa droga o lo
que sea;

for the cabinet door was open, and there he was at the   41.4
far end of the room digging among the crates.

porque la puerta del armario estaba abierta, y allí estaba, en
el otro extremo de la sala, rebuscando entre las cajas.

He looked up when I came in, gave a kind of cry, and   41.5
whipped upstairs into the cabinet.

Levantó la vista cuando entré, lanzó una especie de grito y
se metió en el armario.

It was but for one minute that I saw him,   41.6

No le vi más que un minuto,

but the hair stood upon my head like quills.   41.7

pero se me pusieron los pelos como escarpias.

Sir, if that was my master, why had he a mask upon   41.8
his face?

Señor, si era mi amo, ¿por qué llevaba una máscara en la
cara?

If it was my master, why did he cry out like a rat, and   41.9
run from me?

Si era mi amo, ¿por qué gritaba como una rata y
huía de mí?

41.10 I have served him long enough. And then ..."

Ya le he servido bastante. Y entonces ..."

41.11 The man paused and passed his hand over his face.

El hombre hizo una pausa y se pasó la mano por la cara.

42.1 "These are all very strange circumstances," said Mr. Utterson, "but I think I begin to see daylight.

"Todas estas circunstancias son muy extrañas - dijo el señor Utterson-, pero creo que empiezo a ver la luz del día.

42.2 Your master, Poole, is plainly seized with one of those maladies that both torture and deform the sufferer;

Su amo, Poole, está claramente aquejado de una de esas enfermedades que torturan y deforman a quien las padece;

42.3 hence, for aught I know, the alteration of his voice;

de ahí, por lo que sé, la alteración de su voz;

42.4 hence the mask and the avoidance of his friends;

de ahí la máscara y el evitar a sus amigos;

42.5 hence his eagerness to find this drug,

de ahí su afán por encontrar esa droga,

42.6 by means of which the poor soul retains some hope of ultimate recovery — God grant that he be not deceived!

por medio de la cual la pobre alma conserva alguna esperanza de recuperación definitiva — ¡Dios quiera que no se deje engañar!

42.7 There is my explanation;

Esta es mi explicación;

42.8 it is sad enough, Poole, ay, and appalling to consider;

es bastante triste, Poole, y espantosa de considerar;

but it is plain and natural, hangs well together, and delivers us from all exorbitant alarms."

42.9

pero es sencilla y natural, encaja bien, y nos libra de todas las alarmas exorbitantes."

"Sir," said the butler, turning to a sort of mottled pallor, "that thing was not my master, and there's the truth.

43.1

"Señor - dijo el mayordomo, tornando a una especie de palidez moteada-, esa cosa no era mi amo, y ahí está la verdad.

My master" - here he looked round him and began to whisper -

43.2

Mi amo - aquí miró a su alrededor y empezó a susurrar -

"is a tall, fine build of a man, and this was more of a dwarf."

43.3

es un hombre alto y de complexión fina, y esto era más bien un enano."

Utterson attempted to protest.

43.4

Utterson intentó protestar.

"O, sir," cried Poole, "do you think I do not know my master after twenty years?

43.5

"Oh, señor", gritó Poole, "¿cree usted que no conozco a mi amo después de veinte años?

Do you think I do not know where his head comes to in the cabinet door,

43.6

¿Cree que no sé dónde tiene la cabeza en la puerta del gabinete,

where I saw him every morning of my life?

43.7

donde le he visto todas las mañanas de mi vida?

43.8 No, sir, that thing in the mask was never Dr. Jekyll —
God knows what it was, but it was never Dr. Jekyll;
and it is the belief of my heart that there was murder
done."

No, señor, esa cosa de la máscara nunca fue el doctor Jekyll;
Dios sabe lo que era, pero nunca fue el doctor Jekyll; y mi
corazón cree que hubo un asesinato."

44.1 "Poole," replied the lawyer, "if you say that, it will
become my duty to make certain.

"Poole", replicó el abogado, "si usted dice eso, será mi deber
cerciorarme.

44.2 Much as I desire to spare your master's feelings,
much as I am puzzled by this note which seems to
prove him to be still alive, I shall consider it my duty
to break in that door."

Por mucho que desee no herir los sentimientos de su amo,
por mucho que me desconcierte esta nota que parece
probar que sigue vivo, consideraré mi deber forzar esa
puerta."

45.1 "Ah, Mr. Utterson, that's talking!" cried the butler.

"¡Ah, señor Utterson, eso es hablar!" gritó el mayordomo.

46.1 "And now comes the second question," resumed
Utterson:

"Y ahora viene la segunda pregunta," reanudó Utterson:

46.2 "Who is going to do it?"

"¿Quién va a hacerlo?"

47.1 "Why, you and me, sir," was the undaunted reply.

"Pues usted y yo, señor", fue la impávida respuesta.

"That's very well said," returned the lawyer;   48.1
"Eso está muy bien dicho," respondió el abogado;

"and whatever comes of it,   48.2
"y sea lo que sea lo que resulte,

I shall make it my business to see you are no loser."   48.3
me encargaré de que no salgas perdiendo."

"There is an axe in the theatre," continued Poole;   49.1
"Hay un hacha en el teatro," continuó Poole;

"and you might take the kitchen poker for yourself."   49.2
"y podrías coger el atizador de cocina para ti."

The lawyer took that rude but weighty instrument   50.1
into his hand, and balanced it.
El abogado tomó en sus manos aquel rudo pero pesado
instrumento y lo equilibró.

"Do you know, Poole," he said, looking up, "that you   50.2
and I are about to place ourselves in a position of
some peril?"
"¿Sabes, Poole", dijo, levantando la vista, "que tú y yo
estamos a punto de colocarnos en una posición de cierto
peligro?"

"You may say so, sir, indeed," returned the butler.   51.1
"Puede decirse que sí, señor - respondió el mayordomo-.

"It is well, then that we should be frank," said the   52.1
other.
"Está bien, entonces, que seamos francos", dijo el otro.

52.2 "We both think more than we have said;

"Ambos pensamos más de lo que hemos dicho;

52.3 let us make a clean breast. This masked figure that you saw,

hagamos tabla rasa. Esta figura enmascarada que viste,

52.4 did you recognise it?"

¿la reconociste?"

53.1 "Well, sir, it went so quick, and the creature was so doubled up, that I could hardly swear to that," was the answer.

"Bueno, señor, fue tan rápido, y la criatura estaba tan doblada, que difícilmente podría jurarlo", fue la respuesta.

53.2 "But if you mean, was it Mr. Hyde? — why, yes, I think it was!

"Pero si se refiere a si era el señor Hyde, ¡pues sí, creo que lo era!

53.3 You see, it was much of the same bigness; and it had the same quick, light way with it; and then who else could have got in by the laboratory door?

Verá, era muy parecido en tamaño y tenía la misma rapidez y ligereza, y entonces, ¿quién si no podría haber entrado por la puerta del laboratorio?

53.4 You have not forgot, sir, that at the time of the murder he had still the key with him?

¿No habrá olvidado, señor, que en el momento del asesinato aún llevaba la llave consigo?

53.5 But that's not all.

Pero eso no es todo.

I don't know, Mr. Utterson, if you ever met this Mr. Hyde?"

53.6

No sé, señor Utterson, si alguna vez conoció a este señor Hyde?"

"Yes," said the lawyer, "I once spoke with him."

54.1

"Sí", dijo el abogado, "una vez hablé con él."

"Then you must know as well as the rest of us that there was something queer about that gentleman — something that gave a man a turn — I don't know rightly how to say it, sir, beyond this:

55.1

"Entonces usted debe saber tan bien como el resto de nosotros que había algo extraño en ese caballero — algo que le daba a un hombre un giro — no sé bien cómo decirlo, señor, más allá de esto:

that you felt in your marrow kind of cold and thin."

55.2

que usted sentía en su médula una especie de frío y delgadez."

"I own I felt something of what you describe,"

56.1

"Creo que sentí algo de lo que usted describe,"

said Mr. Utterson.

56.2

dijo el Sr. Utterson.

"Quite so, sir," returned Poole.

57.1

"Así es, señor", respondió Poole.

"Well, when that masked thing like a monkey jumped from among the chemicals and whipped into the cabinet, it went down my spine like ice.

57.2

"Bueno, cuando esa cosa enmascarada como un mono saltó de entre los productos químicos y azotó el gabinete, me recorrió la espina dorsal como el hielo.

57.3 O, I know it's not evidence, Mr. Utterson;
Ya sé que no es una prueba, señor Utterson;

57.4 I'm book-learned enough for that;
soy lo bastante culto para eso;

57.5 but a man has his feelings,
pero un hombre tiene sus sentimientos,

57.6 and I give you my bible-word it was Mr. Hyde!"
¡y le doy mi palabra bíblica de que era el señor Hyde!"

58.1 "Ay, ay," said the lawyer.
"Sí, sí", dijo el abogado.

58.2 "My fears incline to the same point.
"Mis temores se inclinan hacia el mismo punto.

58.3 Evil, I fear, founded - evil was sure to come -
El mal, me temo, surgió - el mal estaba seguro de surgir -

58.4 of that connection. Ay truly, I believe you;
de esa conexión. Ay, en verdad, te creo;

58.5 I believe poor Harry is killed;
creo que el pobre Harry ha sido asesinado;

58.6 and I believe his murderer (for what purpose, God alone can tell) is still lurking in his victim's room.
y creo que su asesino (sólo Dios puede decir con qué propósito) todavía está al acecho en la habitación de su víctima.

58.7 Well, let our name be vengeance. Call Bradshaw."
Bien, que nuestro nombre sea venganza. Llama a Bradshaw."

The footman came at the summons, very white and nervous.

59.1

El lacayo acudió a la llamada, muy blanco y nervioso.

"Pull yourself together, Bradshaw," said the lawyer.

60.1

"Cálmese, Bradshaw", dijo el abogado.

"This suspense, I know, is telling upon all of you; but it is now our intention to make an end of it.

60.2

"Sé que este suspense os está afectando a todos, pero tenemos la intención de ponerle fin.

Poole, here, and I are going to force our way into the cabinet.

60.3

Poole y yo vamos a entrar por la fuerza en el gabinete.

If all is well,

60.4

Si todo va bien,

my shoulders are broad enough to bear the blame.

60.5

mis hombros son lo suficientemente anchos como para soportar la culpa.

Meanwhile, lest anything should really be amiss, or any malefactor seek to escape by the back, you and the boy must go round the corner with a pair of good sticks and take your post at the laboratory door.

60.6

Mientras tanto, para que nada vaya realmente mal, o algún malhechor intente escapar por la espalda, usted y el muchacho deben doblar la esquina con un par de buenos palos y apostarse en la puerta del laboratorio.

We give you ten minutes to get to your stations."

60.7

Les damos diez minutos para llegar a sus puestos."

61.1 As Bradshaw left, the lawyer looked at his watch.

Cuando Bradshaw se marchó, el abogado miró su reloj.

61.2 "And now, Poole, let us get to ours," he said; and taking the poker under his arm, led the way into the yard.

"Y ahora, Poole, vamos a lo nuestro - dijo, y tomando el atizador bajo el brazo, se dirigió al patio.

61.3 The scud had banked over the moon, and it was now quite dark.

La espuma se había posado sobre la luna y ahora estaba bastante oscuro.

61.4 The wind, which only broke in puffs and draughts into that deep well of building, tossed the light of the candle to and fro about their steps, until they came into the shelter of the theatre, where they sat down silently to wait.

El viento, que sólo irrumpía en bocanadas y corrientes en aquel profundo pozo del edificio, agitó la luz de la vela de un lado a otro sobre sus pasos, hasta que llegaron al refugio del teatro, donde se sentaron en silencio a esperar.

61.5 London hummed solemnly all around; but nearer at hand,

Londres zumbaba solemnemente a su alrededor; pero más cerca,

61.6 the stillness was only broken by the sounds of a footfall moving to and fro along the cabinet floor.

la quietud sólo era rota por el sonido de una pisada que se movía de un lado a otro por el suelo del gabinete.

62.1 "So it will walk all day, sir," whispered Poole; "ay,

"Así andará todo el día, señor", susurró Poole; "ay,

and the better part of the night.   62.2

y la mayor parte de la noche.

Only when a new sample comes from the chemist,   62.3

Sólo cuando llega una nueva muestra de la farmacia,

there's a bit of a break. Ah,   62.4

hay un poco de descanso. ¡Ah,

it's an ill conscience that's such an enemy to rest!   62.5

es la mala conciencia la enemiga del descanso!

Ah, sir, there's blood foully shed in every step of it!   62.6

¡Ah, señor, hay sangre vilmente derramada en cada paso!

But hark again, a little closer — put your heart in your   62.7
ears, Mr. Utterson, and tell me, is that the doctor's
foot?"

Pero escuche de nuevo, un poco más cerca, ponga su
corazón en sus oídos, Sr. Utterson, y dígame, ¿es ese el
pie del doctor?"

The steps fell lightly and oddly, with a certain swing,   63.1
for all they went so slowly;

Los pasos caían ligeros y extraños, con cierto balanceo, a
pesar de ir tan despacio;

it was different indeed from the heavy creaking tread   63.2
of Henry Jekyll.

era muy distinto del pesado y chirriante paso de Henry
Jekyll.

Utterson sighed. "Is there never anything else?" he   63.3
asked.

Utterson suspiró. "¿Es que nunca hay nada más?"
preguntó.

64.1 **Poole nodded. "Once," he said.**
Poole asintió. "Una vez," dijo.

64.2 **"Once I heard it weeping!"**
"¡Una vez lo oí llorar!"

65.1 **"Weeping? how that?" said the lawyer,**
"¿Llorar? ¿Cómo?" dijo el abogado,

65.2 **conscious of a sudden chill of horror.**
consciente de un repentino escalofrío de horror.

66.1 **"Weeping like a woman or a lost soul," said the butler.**
"Llorando como una mujer o un alma perdida," dijo el mayordomo.

66.2 **"I came away with that upon my heart,**
"Me fui con eso en el corazón,

66.3 **that I could have wept too."**
que yo también podría haber llorado."

67.1 **But now the ten minutes drew to an end.**
Pero ahora los diez minutos llegaban a su fin.

67.2 **Poole disinterred the axe from under a stack of packing straw;**
Poole desenterró el hacha de debajo de una pila de paja de embalar;

67.3 **the candle was set upon the nearest table to light them to the attack;**
la vela se colocó sobre la mesa más cercana para alumbrarles el ataque;

and they drew near with bated breath to where that   67.4
patient foot was still going up and down, up and
down, in the quiet of the night.

y se acercaron con la respiración contenida al lugar donde
aquel pie paciente seguía subiendo y bajando, subiendo y
bajando, en la quietud de la noche.

"Jekyll," cried Utterson, with a loud voice, "I demand   68.1
to see you."

"Jekyll", gritó Utterson, con voz potente, "exijo verte."

He paused a moment, but there came no reply.   68.2

Hizo una pausa, pero no obtuvo respuesta.

"I give you fair warning, our suspicions are aroused,   68.3
and I must and shall see you," he resumed; "if not
by fair means, then by foul — if not of your consent,
then by brute force."

"Te lo advierto, nuestras sospechas se han despertado, y
debo verte y te veré", reanudó; "si no es por las buenas,
entonces por las malas; si no es con tu consentimiento,
entonces por la fuerza bruta."

"Utterson," said the voice, "for God's sake, have   69.1
mercy!"

"Utterson", dijo la voz, "¡por el amor de Dios, ten piedad!"

"Ah, that's not Jekyll's voice — it's Hyde's!"   70.1

"¡Ah, ésa no es la voz de Jekyll, es la de Hyde!"

cried Utterson. "Down with the door, Poole!"   70.2

gritó Utterson. "¡Abajo la puerta, Poole!"

Poole swung the axe over his shoulder;   71.1

Poole blandió el hacha por encima del hombro;

148

71.2 **the blow shook the building,**

el golpe sacudió el edificio,

71.3 **and the red baize door leaped against the lock and hinges.**

y la puerta de baiza roja saltó contra la cerradura y las bisagras.

71.4 **A dismal screech, as of mere animal terror, rang from the cabinet.**

Un chillido lúgubre, como de terror animal, resonó en el armario.

71.5 **Up went the axe again,**

Volvió a levantar el hacha,

71.6 **and again the panels crashed and the frame bounded;**

y de nuevo los paneles chocaron y el marco saltó;

71.7 **four times the blow fell;**

cuatro veces cayó el golpe;

71.8 **but the wood was tough and the fittings were of excellent workmanship;**

pero la madera era dura y los herrajes de excelente factura;

71.9 **and it was not until the fifth,**

y no fue hasta la quinta,

71.10 **that the lock burst and the wreck of the door fell inwards on the carpet.**

que la cerradura reventó y los restos de la puerta cayeron hacia dentro sobre la alfombra.

The besiegers, appalled by their own riot and the stillness that had succeeded, stood back a little and peered in. 72.1

Los sitiadores, horrorizados por su propio alboroto y por la quietud que le había sucedido, retrocedieron un poco y miraron hacia dentro.

There lay the cabinet before their eyes in the quiet lamplight, a good fire glowing and chattering on the hearth, the kettle singing its thin strain, a drawer or two open, papers neatly set forth on the business table, and nearer the fire, the things laid out for tea; 72.2

Allí estaba el gabinete ante sus ojos en la tranquila luz de la lámpara, un buen fuego ardiendo y parloteando en la chimenea, la tetera cantando su delgado esfuerzo, un cajón o dos abiertos, papeles colocados ordenadamente sobre la mesa de negocios, y más cerca del fuego, las cosas dispuestas para el té;

the quietest room, you would have said, and, but for the glazed presses full of chemicals, the most commonplace that night in London. 72.3

la habitación más tranquila, habrían dicho, y, de no ser por las prensas esmaltadas llenas de productos químicos, la más común aquella noche en Londres.

Right in the middle there lay the body of a man sorely contorted and still twitching. 73.1

Justo en el centro yacía el cuerpo de un hombre gravemente contorsionado y todavía retorciéndose.

They drew near on tiptoe, 73.2

Se acercaron de puntillas,

73.3 turned it on its back and beheld the face of Edward Hyde.

lo pusieron boca arriba y contemplaron el rostro de Edward Hyde.

73.4 He was dressed in clothes far too large for him,

Estaba vestido con ropas demasiado grandes para él,

73.5 clothes of the doctor's bigness;

ropas de la talla del doctor;

73.6 the cords of his face still moved with a semblance of life,

las cuerdas de su cara aún se movían con apariencia de vida,

73.7 but life was quite gone;

pero la vida había desaparecido por completo;

73.8 and by the crushed phial in the hand and the strong smell of kernels that hung upon the air,

y por la ampolla aplastada que tenía en la mano y el fuerte olor a grano que flotaba en el aire,

73.9 Utterson knew that he was looking on the body of a self-destroyer.

Utterson supo que estaba ante el cadáver de un autodestructor.

74.1 "We have come too late," he said sternly, "whether to save or punish.

"Hemos llegado demasiado tarde", dijo con severidad, "ya sea para salvar o castigar.

74.2 Hyde is gone to his account;

Hyde se ha ido a su cuenta;

and it only remains for us to find the body of your master." 74.3

y sólo nos queda encontrar el cuerpo de tu amo."

The far greater proportion of the building was occupied by the theatre, which filled almost the whole ground storey and was lighted from above, and by the cabinet, which formed an upper storey at one end and looked upon the court. 75.1

La mayor parte del edificio estaba ocupada por el teatro, que ocupaba casi toda la planta baja y estaba iluminado desde arriba, y por el gabinete, que formaba un piso superior en un extremo y daba al patio.

A corridor joined the theatre to the door on the by-street; and with this the cabinet communicated separately by a second flight of stairs. 75.2

Un corredor unía el teatro con la puerta que daba a la calle, y el gabinete se comunicaba con ésta por un segundo tramo de escaleras.

There were besides a few dark closets and a spacious cellar. 75.3

Había además unos cuantos armarios oscuros y un espacioso sótano.

All these they now thoroughly examined. 75.4

Todos ellos fueron ahora examinados minuciosamente.

Each closet needed but a glance, for all were empty, and all, by the dust that fell from their doors, had stood long unopened. 75.5

No necesitaron más que echar un vistazo a cada armario, pues todos estaban vacíos y, por el polvo que caía de sus puertas, llevaban mucho tiempo sin abrirse.

75.6 The cellar, indeed, was filled with crazy lumber, mostly dating from the times of the surgeon who was Jekyll's predecessor;

El sótano, en efecto, estaba lleno de maderas locas, la mayoría de los cuales databan de los tiempos del cirujano predecesor de Jekyll;

75.7 but even as they opened the door they were advertised of the uselessness of further search,

pero incluso cuando abrieron la puerta fueron advertidos de la inutilidad de seguir buscando,

75.8 by the fall of a perfect mat of cobweb which had for years sealed up the entrance.

por la caída de una perfecta alfombra de telarañas que durante años había sellado la entrada.

75.9 Nowhere was there any trace of Henry Jekyll,

En ninguna parte había rastro alguno de Henry Jekyll,

75.10 dead or alive.

vivo o muerto.

76.1 Poole stamped on the flags of the corridor.

Poole pisó las banderas del corredor.

76.2 "He must be buried here," he said, hearkening to the sound.

"Debe estar enterrado aquí", dijo, escuchando el sonido.

77.1 "Or he may have fled," said Utterson, and he turned to examine the door in the by-street.

"O puede que haya huido", dijo Utterson, y se volvió para examinar la puerta de la callejuela.

It was locked; and lying near by on the flags, they found the key, already stained with rust.

77.2

Estaba cerrada, y sobre las banderas encontraron la llave, ya manchada de óxido.

"This does not look like use," observed the lawyer.

78.1

"Esto no tiene pinta de usarse," observó el abogado.

"Use!" echoed Poole. "Do you not see, sir, it is broken?

79.1

"¡Uso!" se hizo eco Poole. "¿No ve, señor, que está roto?

much as if a man had stamped on it."

79.2

Como si un hombre lo hubiera pisoteado."

"Ay," continued Utterson, "and the fractures, too, are rusty."

80.1

"Sí", continuó Utterson, "y las fracturas también están oxidadas."

The two men looked at each other with a scare.

80.2

Los dos hombres se miraron asustados.

"This is beyond me, Poole," said the lawyer.

80.3

"Esto me supera, Poole", dijo el abogado.

"Let us go back to the cabinet."

80.4

"Volvamos al gabinete."

They mounted the stair in silence, and still with an occasional awestruck glance at the dead body, proceeded more thoroughly to examine the contents of the cabinet.

81.1

Subieron la escalera en silencio y, sin dejar de echar de vez en cuando una mirada de asombro al cadáver, procedieron a examinar más detenidamente el contenido del armario.

81.2 At one table, there were traces of chemical work, various measured heaps of some white salt being laid on glass saucers, as though for an experiment in which the unhappy man had been prevented.

En una mesa había rastros de trabajo químico, varios montones medidos de una sal blanca colocados en platillos de cristal, como si se tratara de un experimento en el que el infeliz se había visto impedido.

82.1 "That is the same drug that I was always bringing him,"

"Es la misma droga que siempre le traía,"

82.2 said Poole; and even as he spoke,

dijo Poole; y mientras hablaba,

82.3 the kettle with a startling noise boiled over.

la tetera hirvió con un ruido estremecedor.

83.1 This brought them to the fireside, where the easy-chair was drawn cosily up, and the tea things stood ready to the sitter's elbow, the very sugar in the cup.

Esto los condujo a la chimenea, donde la butaca estaba cómodamente reclinada y las cosas para el té estaban listas junto al codo de la persona sentada, con el azúcar en la taza.

83.2 There were several books on a shelf;

Había varios libros en un estante;

one lay beside the tea things open, and Utterson   83.3
was amazed to find it a copy of a pious work, for
which Jekyll had several times expressed a great
esteem, annotated, in his own hand with startling
blasphemies.

uno de ellos yacía abierto junto a los artículos de té, y
Utterson se asombró al ver que era una copia de una
obra piadosa, por la que Jekyll había expresado en varias
ocasiones una gran estima, anotada de su puño y letra con
sorprendentes blasfemias.

Next, in the course of their review of the chamber,   84.1
the searchers came to the cheval-glass, into whose
depths they looked with an involuntary horror.

Luego, en el curso de su revisión de la cámara, los
buscadores llegaron al cristal de cheval, en cuyas
profundidades miraron con un horror involuntario.

But it was so turned as to show them nothing but the   84.2
rosy glow playing on the roof, the fire sparkling in
a hundred repetitions along the glazed front of the
presses, and their own pale and fearful countenances
stooping to look in.

Pero estaba girado de tal modo que no les mostraba más que
el resplandor rosado que jugueteaba en el techo, el fuego
que chisporroteaba en cien repeticiones a lo largo del frente
acristalado de las prensas, y sus propios rostros pálidos y
temerosos que se inclinaban para mirar dentro.

"This glass has seen some strange things, sir,"   85.1
whispered Poole.

"Este vaso ha visto cosas extrañas, señor", susurró Poole.

"And surely none stranger than itself,"   86.1

"Y seguramente ninguna más extraña que ella misma,"

86.2 echoed the lawyer in the same tones.

repitió el abogado en el mismo tono.

86.3 "For what did Jekyll" — he caught himself up at the word with a start, and then conquering the weakness — "what could Jekyll want with it?" he said.

"Porque, ¿para qué lo quería Jekyll?" - se sobresaltó al pronunciar la palabra y, venciendo la debilidad-, "¿para qué lo quería Jekyll?" dijo.

87.1 "You may say that!" said Poole.

"¡Puedes decir eso!" dijo Poole.

88.1 Next they turned to the business table.

A continuación se dirigieron a la mesa de negocios.

88.2 On the desk, among the neat array of papers, a large envelope was uppermost, and bore, in the doctor's hand, the name of Mr. Utterson.

Sobre el escritorio, entre un ordenado conjunto de papeles, había un gran sobre con el nombre del señor Utterson en la mano del doctor.

88.3 The lawyer unsealed it, and several enclosures fell to the floor.

El abogado lo abrió y varios sobres cayeron al suelo.

88.4 The first was a will, drawn in the same eccentric terms as the one which he had returned six months before, to serve as a testament in case of death and as a deed of gift in case of disappearance;

El primero era un testamento, redactado en los mismos excéntricos términos que el que había devuelto seis meses antes, para que sirviera de testamento en caso de muerte y de escritura de donación en caso de desaparición;

but in place of the name of Edward Hyde, the lawyer, with indescribable amazement read the name of Gabriel John Utterson. 88.5

pero en lugar del nombre de Edward Hyde, el abogado, con indescriptible asombro leyó el nombre de Gabriel John Utterson.

He looked at Poole, and then back at the paper, and last of all at the dead malefactor stretched upon the carpet. 88.6

Miró a Poole, luego al papel y por último al malhechor muerto tendido sobre la alfombra.

"My head goes round," he said. 89.1

"Me da vueltas la cabeza," dijo.

"He has been all these days in possession; 89.2

"Ha estado todos estos días en posesión;

he had no cause to like me; 89.3

no tenía motivos para gustarme;

he must have raged to see himself displaced; 89.4

debe de haber rabiado al verse desplazado;

and he has not destroyed this document." 89.5

y no ha destruido este documento."

He caught up the next paper; 90.1

Cogió el siguiente papel;

it was a brief note in the doctor's hand and dated at the top. 90.2

era una breve nota escrita por el médico y fechada en la parte superior.

90.3 "O Poole!" the lawyer cried,

"¡Oh Poole!" gritó el abogado,

90.4 "he was alive and here this day.

"estaba vivo y aquí este día.

90.5 He cannot have been disposed of in so short a space;

No pueden haberse deshecho de él en tan poco tiempo;

90.6 he must be still alive, he must have fled! And then,

debe de seguir vivo, ¡debe de haber huido! Y entonces,

90.7 why fled? and how? and in that case,

¿por qué huyó? y ¿cómo? y en ese caso,

90.8 can we venture to declare this suicide? O,

¿podemos aventurarnos a declarar este suicidio? Oh,

90.9 we must be careful.

debemos tener cuidado.

90.10 I foresee that we may yet involve your master in some dire catastrophe."

Preveo que aún podemos involucrar a vuestro amo en alguna catástrofe funesta."

91.1 "Why don't you read it, sir?" asked Poole.

"¿Por qué no lo lee, señor?" preguntó Poole.

92.1 "Because I fear," replied the lawyer solemnly.

"Porque temo," respondió solemnemente el abogado.

92.2 "God grant I have no cause for it!"

"¡Dios quiera que no tenga motivos para ello!"

And with that he brought the paper to his eyes and read as follows:

92.3

Y con esto se llevó el papel a los ojos y leyó lo siguiente:

"My dear Utterson, — When this shall fall into your hands, I shall have disappeared, under what circumstances I have not the penetration to foresee, but my instinct and all the circumstances of my nameless situation tell me that the end is sure and must be early.

93.1

"Mi querido Utterson, — Cuando esto caiga en tus manos, habré desaparecido, en qué circunstancias no tengo la penetración de preverlo, pero mi instinto y todas las circunstancias de mi anónima situación me dicen que el fin es seguro y debe ser pronto.

Go then, and first read the narrative which Lanyon warned me he was to place in your hands;

93.2

Id, pues, y leed primero la narración que Lanyon me advirtió que iba a poner en vuestras manos;

and if you care to hear more, turn to the confession of

93.3

y si queréis oír más, acudid a la confesión de

"Your unworthy and unhappy friend,

94.1

"Tu indigno e infeliz amigo,

"HENRY JEKYLL."

95.1

"HENRY JEKYLL."

"There was a third enclosure?" asked Utterson.

96.1

"¿Había un tercer recinto?" preguntó Utterson.

97.1 "Here, sir," said Poole, and gave into his hands a considerable packet sealed in several places.
"Aquí tiene, señor", dijo Poole, y le entregó en las manos un paquete considerable sellado por varios sitios.

98.1 The lawyer put it in his pocket.
El abogado se lo guardó en el bolsillo.

98.2 "I would say nothing of this paper.
"Yo no diría nada de este papel.

98.3 If your master has fled or is dead,
Si su amo ha huido o está muerto,

98.4 we may at least save his credit. It is now ten;
al menos podemos salvar su crédito. Ahora son las diez;

98.5 I must go home and read these documents in quiet;
debo ir a casa y leer estos documentos en silencio;

98.6 but I shall be back before midnight,
pero volveré antes de medianoche,

98.7 when we shall send for the police."
cuando mandaremos llamar a la policía."

99.1 They went out, locking the door of the theatre behind them; and Utterson, once more leaving the servants gathered about the fire in the hall, trudged back to his office to read the two narratives in which this mystery was now to be explained.
Salieron, cerrando la puerta del teatro tras de sí, y Utterson, dejando una vez más a los criados reunidos alrededor del fuego en el vestíbulo, regresó a su despacho para leer las dos narraciones en las que ahora se explicaba aquel misterio.

DR. LANYON'S NARRATIVE

DR. NARRACIÓN DE LANYON

1.1 On the ninth of January, now four days ago, I received by the evening delivery a registered envelope, addressed in the hand of my colleague and old school companion, Henry Jekyll.

El nueve de enero, hace ahora cuatro días, recibí por correo vespertino un sobre certificado, dirigido de puño y letra a mi colega y antiguo compañero de colegio, Henry Jekyll.

1.2 I was a good deal surprised by this; for we were by no means in the habit of correspondence; I had seen the man, dined with him, indeed, the night before; and I could imagine nothing in our intercourse that should justify formality of registration.

Esto me sorprendió mucho, porque no teníamos en absoluto la costumbre de mantener correspondencia; yo había visto a aquel hombre, incluso había cenado con él la noche anterior, y no podía imaginar nada en nuestras relaciones que justificara la formalidad del registro.

1.3 The contents increased my wonder; for this is how the letter ran:

El contenido aumentó mi asombro, pues la carta decía así:

"10th December, 18 — .   2.1

"10 de diciembre, 18 — .

"Dear Lanyon, — You are one of my oldest friends;   3.1
and although we may have differed at times on
scientific questions, I cannot remember, at least
on my side, any break in our affection.

"Querido Lanyon: Eres uno de mis amigos más antiguos,
y aunque a veces hayamos discrepado en cuestiones
científicas, no recuerdo, al menos por mi parte, ninguna
ruptura en nuestro afecto.

There was never a day when, if you had said to me,   3.2
'Jekyll, my life, my honour, my reason, depend upon
you,' I would not have sacrificed my left hand to help
you.

Nunca hubo un día en que, si me hubieras dicho: "Jekyll,
mi vida, mi honor, mi razón, dependen de ti", no hubiera
sacrificado mi mano izquierda para ayudarte.

Lanyon, my life, my honour, my reason, are all at   3.3
your mercy;

Lanyon, mi vida, mi honor, mi razón, todo está a tu merced;

if you fail me to-night, I am lost.   3.4

si me fallas esta noche, estoy perdido.

You might suppose, after this preface, that I am going   3.5
to ask you for something dishonourable to grant.

Podrías suponer, después de este prefacio, que voy a pedirte
algo deshonroso para concedértelo.

Judge for yourself.   3.6

Juzgue usted mismo.

4.1 "I want you to postpone all other engagements for to-night — ay, even if you were summoned to the bedside of an emperor; to take a cab, unless your carriage should be actually at the door; and with this letter in your hand for consultation, to drive straight to my house.

"Quiero que posponga todos sus compromisos de esta noche, aunque le llamen para ver la cama de un emperador; que tome un taxi, a menos que su coche esté en la puerta, y que, con esta carta en la mano para consultarla, se dirija directamente a mi casa.

4.2 Poole, my butler, has his orders;

Poole, mi mayordomo, tiene órdenes;

4.3 you will find him waiting your arrival with a locksmith.

le encontrará esperando su llegada con un cerrajero.

4.4 The door of my cabinet is then to be forced; and you are to go in alone; to open the glazed press (letter E) on the left hand, breaking the lock if it be shut; and to draw out, with all its contents as they stand, the fourth drawer from the top or (which is the same thing) the third from the bottom.

Entonces forzará la puerta de mi gabinete y entrará usted solo; abrirá la prensa acristalada (letra E) de la izquierda, rompiendo la cerradura si está cerrada; y sacará, con todo su contenido tal como está, el cuarto cajón desde arriba o (lo que es lo mismo) el tercero desde abajo.

4.5 In my extreme distress of mind,

En mi extrema angustia mental,

4.6 I have a morbid fear of misdirecting you;

tengo un temor morboso de equivocarme;

but even if I am in error,   4.7

pero aunque me equivoque,

you may know the right drawer by its contents: 4.8

podéis conocer el cajón correcto por su contenido:

some powders, a phial and a paper book.   4.9

algunos polvos, un frasco y un libro de papel.

This drawer I beg of you to carry back with you to   4.10
Cavendish Square exactly as it stands.

Le ruego que se lleve este cajón a Cavendish Square tal
como está.

"That is the first part of the service: now for the   5.1
second.

"Esa es la primera parte del servicio: ahora la segunda.

You should be back, if you set out at once on the   5.2
receipt of this, long before midnight;

Deberías estar de vuelta, si te pusieras en camino
inmediatamente después de recibir esto, mucho antes
de medianoche;

but I will leave you that amount of margin, not only   5.3
in the fear of one of those obstacles that can neither
be prevented nor foreseen, but because an hour when
your servants are in bed is to be preferred for what
will then remain to do.

pero te dejaré esa cantidad de margen, no sólo por temor a
uno de esos obstáculos que no se pueden prevenir ni prever,
sino porque es preferible una hora en que tus criados estén
en la cama para lo que entonces quedará por hacer.

5.4 At midnight, then, I have to ask you to be alone in your consulting room, to admit with your own hand into the house a man who will present himself in my name, and to place in his hands the drawer that you will have brought with you from my cabinet.

A medianoche, pues, tengo que pedirte que estés solo en tu consultorio, que admitas con tu propia mano en la casa a un hombre que se presentará en mi nombre, y que pongas en sus manos el cajón que habrás traído contigo de mi gabinete.

5.5 Then you will have played your part and earned my gratitude completely.

Entonces habrá hecho usted su papel y se habrá ganado por completo mi gratitud.

5.6 Five minutes afterwards, if you insist upon an explanation, you will have understood that these arrangements are of capital importance;

Cinco minutos después, si insistís en una explicación, habréis comprendido que estos arreglos son de capital importancia;

5.7 and that by the neglect of one of them, fantastic as they must appear, you might have charged your conscience with my death or the shipwreck of my reason.

y que por el descuido de uno de ellos, por fantástico que parezca, podríais haber cargado a vuestra conciencia con mi muerte o con el naufragio de mi razón.

6.1 "Confident as I am that you will not trifle with this appeal,

"Confiado como estoy en que usted no jugará con este llamamiento,

my heart sinks and my hand trembles at the bare thought of such a possibility.   6.2

mi corazón se hunde y mi mano tiembla ante la mera idea de tal posibilidad.

Think of me at this hour, in a strange place, labouring under a blackness of distress that no fancy can exaggerate, and yet well aware that, if you will but punctually serve me, my troubles will roll away like a story that is told.   6.3

Piense en mí a esta hora, en un lugar extraño, trabajando bajo una oscuridad de angustia que ninguna fantasía puede exagerar, y sin embargo, muy consciente de que, si usted me sirve puntualmente, mis problemas se desvanccerán como una historia que se cuenta.

Serve me, my dear Lanyon and save   6.4

Sírveme, mi querido Lanyon y salva ...

"Your friend,   7.1

"Tu amigo,

"H.J.   8.1

"H.J.

"P.S. — I had already sealed this up when a fresh terror struck upon my soul.   9.1

"Posdata: Ya había sellado esto cuando un nuevo terror se apoderó de mi alma.

It is possible that the post-office may fail me, and this letter not come into your hands until to-morrow morning.   9.2

Es posible que la oficina de correos me falle y que esta carta no llegue a tus manos hasta mañana por la mañana.

9.3 In that case, dear Lanyon, do my errand when it shall be most convenient for you in the course of the day;
En ese caso, querido Lanyon, haz mi recado cuando más te convenga en el transcurso del día;

9.4 and once more expect my messenger at midnight.
y vuelve a esperar a mi mensajero a medianoche.

9.5 It may then already be too late;
Puede que entonces ya sea demasiado tarde;

9.6 and if that night passes without event,
y si esa noche transcurre sin acontecimientos,

9.7 you will know that you have seen the last of Henry Jekyll."
sabrás que has visto lo último de Henry Jekyll."

10.1 Upon the reading of this letter,
Al leer esta carta,

10.2 I made sure my colleague was insane;
me convencí de que mi colega estaba loco;

10.3 but till that was proved beyond the possibility of doubt,
pero hasta que no se demostrara más allá de toda duda,

10.4 I felt bound to do as he requested.
me sentí obligado a hacer lo que me pedía.

10.5 The less I understood of this farrago,
Cuanto menos entendía de este fárrago,

10.6 the less I was in a position to judge of its importance;
menos en condiciones estaba de juzgar su importancia;

and an appeal so worded could not be set aside without a grave responsibility. 10.7

y un llamamiento así formulado no podía dejarse de lado sin una grave responsabilidad.

I rose accordingly from table, got into a hansom, and drove straight to Jekyll's house. 10.8

En consecuencia, me levanté de la mesa, subí a un coche y me dirigí directamente a casa de Jekyll.

The butler was awaiting my arrival; 10.9

El mayordomo estaba esperando mi llegada;

he had received by the same post as mine a registered letter of instruction, 10.10

había recibido por el mismo correo que yo una carta certificada de instrucciones,

and had sent at once for a locksmith and a carpenter. 10.11

y había mandado llamar inmediatamente a un cerrajero y a un carpintero.

The tradesmen came while we were yet speaking; and we moved in a body to old Dr. Denman's surgical theatre, from which (as you are doubtless aware) Jekyll's private cabinet is most conveniently entered. 10.12

Los comerciantes llegaron cuando aún estábamos hablando, y nos trasladamos en grupo al quirófano del viejo doctor Denman, desde el cual (como sin duda sabrá) se entra muy cómodamente en el gabinete privado de Jekyll.

The door was very strong, the lock excellent; 10.13

La puerta era muy fuerte, la cerradura excelente;

the carpenter avowed he would have great trouble and have to do much damage, if force were to be used; 10.14

el carpintero confesó que tendría muchos problemas y muchos daños si se empleaba la fuerza;

10.15 **and the locksmith was near despair.**

y el cerrajero estaba al borde de la desesperación.

10.16 **But this last was a handy fellow, and after two hour's work, the door stood open.**

Pero este último era un tipo hábil, y después de dos horas de trabajo, la puerta quedó abierta.

10.17 **The press marked E was unlocked; and I took out the drawer, had it filled up with straw and tied in a sheet, and returned with it to Cavendish Square.**

La prensa marcada con una E estaba abierta, y yo saqué el cajón, lo llené de paja y lo até con una sábana, y regresé con él a Cavendish Square.

11.1 **Here I proceeded to examine its contents.**

Aquí procedí a examinar su contenido.

11.2 **The powders were neatly enough made up, but not with the nicety of the dispensing chemist; so that it was plain they were of Jekyll's private manufacture; and when I opened one of the wrappers I found what seemed to me a simple crystalline salt of a white colour.**

Los polvos estaban preparados con bastante pulcritud, pero no con la delicadeza del químico dispensador, por lo que era evidente que eran de fabricación privada de Jekyll; y cuando abrí uno de los envoltorios encontré lo que me pareció una simple sal cristalina de color blanco.

The phial, to which I next turned my attention, might have been about half full of a blood-red liquor, which was highly pungent to the sense of smell and seemed to me to contain phosphorus and some volatile ether.   11.3

La ampolla, a la que dirigí luego mi atención, debía de estar llena hasta la mitad de un licor rojo como la sangre, que era muy penetrante al olfato y me pareció que contenía fósforo y algo de éter volátil.

At the other ingredients I could make no guess.   11.4

En cuanto a los demás ingredientes, no podía hacer conjeturas.

The book was an ordinary version book and contained little but a series of dates.   11.5

El libro era una versión ordinaria y contenía poco más que una serie de fechas.

These covered a period of many years,   11.6

Éstas abarcaban un período de muchos años,

but I observed that the entries ceased nearly a year ago and quite abruptly.   11.7

pero observé que las anotaciones habían cesado hacía casi un año y de forma bastante abrupta.

Here and there a brief remark was appended to a date,   11.8

De vez en cuando se añadía una breve observación a una fecha,

usually no more than a single word: "double"   11.9

por lo general no más que una sola palabra: "doble"

occurring perhaps six times in a total of several hundred entries;   11.10

que aparecía quizá seis veces en un total de varios cientos de entradas;

11.11 and once very early in the list and followed by several marks of exclamation,

y una vez muy al principio de la lista y seguida de varios signos de exclamación,

11.12 "total failure! ! !"

"¡¡¡fracaso total! ! !"

11.13 All this, though it whetted my curiosity, told me little that was definite.

Todo esto, aunque despertó mi curiosidad, me dijo poco que fuera definitivo.

11.14 Here were a phial of some salt, and the record of a series of experiments that had led (like too many of Jekyll's investigations) to no end of practical usefulness.

Aquí había una ampolla de sal y el registro de una serie de experimentos que habían conducido (como muchas de las investigaciones de Jekyll) a una utilidad práctica sin fin.

11.15 How could the presence of these articles in my house affect either the honour, the sanity, or the life of my flighty colleague?

¿Cómo podía afectar la presencia de estos artículos en mi casa al honor, la cordura o la vida de mi caprichoso colega?

11.16 If his messenger could go to one place,

Si su mensajero podía ir a un sitio,

11.17 why could he not go to another?

¿por qué no podía ir a otro?

11.18 And even granting some impediment,

Y aun concediendo algún impedimento,

why was this gentleman to be received by me in secret? 11.19
¿por qué había de ser recibido este caballero por mí en secreto?

The more I reflected the more convinced I grew that I was dealing with a case of cerebral disease; 11.20
Cuanto más reflexionaba, más me convencía de que me hallaba ante un caso de enfermedad cerebral;

and though I dismissed my servants to bed, I loaded an old revolver, that I might be found in some posture of self-defence. 11.21
y aunque mandé a mis criados a la cama, cargué un viejo revólver, por si me encontraban en alguna postura de defensa propia.

Twelve o'clock had scarce rung out over London, 12.1
Apenas habían dado las doce en Londres,

ere the knocker sounded very gently on the door. 12.2
cuando la aldaba sonó suavemente en la puerta.

I went myself at the summons, and found a small man crouching against the pillars of the portico. 12.3
Acudí a la llamada y encontré a un hombrecillo agazapado contra los pilares del pórtico.

"Are you come from Dr. Jekyll?" I asked. 13.1
"¿Vienes del Dr. Jekyll?" Le pregunté.

He told me "yes" by a constrained gesture; 14.1
Me dijo "sí" con un gesto forzado;

and when I had bidden him enter, 14.2
y cuando le hube ordenado que entrara,

14.3 he did not obey me without a searching backward glance into the darkness of the square.

no me obedeció sin echar una mirada retrospectiva hacia la oscuridad de la plaza.

14.4 There was a policeman not far off,

Había un policía no muy lejos,

14.5 advancing with his bull's eye open; and at the sight,

que avanzaba con el ojo de buey abierto; y al verlo,

14.6 I thought my visitor started and made greater haste.

pensé que mi visitante se había puesto en marcha y se había dado más prisa.

15.1 These particulars struck me, I confess, disagreeably; and as I followed him into the bright light of the consulting room, I kept my hand ready on my weapon.

Confieso que estos detalles me desagradaron, y mientras le seguía a la brillante luz de la sala de consulta, mantuve la mano preparada en mi arma.

15.2 Here, at last, I had a chance of clearly seeing him.

Por fin tenía la oportunidad de verle con claridad.

15.3 I had never set eyes on him before, so much was certain.

Nunca le había visto antes, eso era seguro.

15.4 He was small, as I have said;

Era pequeño, como ya he dicho;

I was struck besides with the shocking expression of his face, with his remarkable combination of great muscular activity and great apparent debility of constitution, and -

me impresionó además la expresión chocante de su rostro, su notable combinación de gran actividad muscular y gran debilidad aparente de constitución, y -

15.5

last but not least -

por último, pero no menos importante -

15.6

with the odd, subjective disturbance caused by his neighbourhood.

la extraña perturbación subjetiva causada por su vecindad.

15.7

This bore some resemblance to incipient rigour,

Esto tenía cierta semejanza con el rigor incipiente,

15.8

and was accompanied by a marked sinking of the pulse.

y estaba acompañado por un marcado hundimiento del pulso.

15.9

At the time, I set it down to some idiosyncratic, personal distaste, and merely wondered at the acuteness of the symptoms;

En aquel momento, lo atribuí a una aversión idiosincrásica y personal, y me limité a asombrarme de la agudeza de los síntomas;

15.10

but I have since had reason to believe the cause to lie much deeper in the nature of man,

pero desde entonces he tenido razones para creer que la causa se halla mucho más profundamente en la naturaleza del hombre,

15.11

15.12 and to turn on some nobler hinge than the principle of hatred.

y que gira en torno a algún quicio más noble que el principio del odio.

16.1 This person (who had thus, from the first moment of his entrance, struck in me what I can only describe as a disgustful curiosity) was dressed in a fashion that would have made an ordinary person laughable;

Esta persona (que, desde el primer momento de su entrada, había despertado en mí lo que sólo puedo describir como una repugnante curiosidad) iba vestida de una manera que habría hecho reír a una persona corriente;

16.2 his clothes, that is to say, although they were of rich and sober fabric, were enormously too large for him in every measurement — the trousers hanging on his legs and rolled up to keep them from the ground, the waist of the coat below his haunches, and the collar sprawling wide upon his shoulders.

sus ropas, es decir, aunque eran de un tejido rico y sobrio, le quedaban enormemente grandes en todas las medidas: los pantalones colgando de sus piernas y enrollados para mantenerlos alejados del suelo, la cintura del abrigo por debajo de sus ancas y el cuello de la camisa extendiéndose sobre sus hombros.

16.3 Strange to relate,

Por extraño que parezca,

16.4 this ludicrous accoutrement was far from moving me to laughter.

este ridículo atuendo estaba lejos de moverme a risa.

Rather, as there was something abnormal and 16.5
misbegotten in the very essence of the creature that
now faced me — something seizing, surprising and
revolting — this fresh disparity seemed but to fit in
with and to reinforce it;

Más bien, como había algo anormal y aberrante en la
esencia misma de la criatura que ahora tenía ante mí -
algo arrebatador, sorprendente y repugnante-, esta nueva
disparidad no parecía sino encajar con ello y reforzarlo;

so that to my interest in the man's nature and 16.6
character, there was added a curiosity as to his origin,
his life, his fortune and status in the world.

de modo que a mi interés por la naturaleza y el carácter de
aquel hombre se añadió la curiosidad por su origen, su vida,
su fortuna y su posición en el mundo.

These observations, though they have taken so great 17.1
a space to be set down in, were yet the work of a few
seconds.

Estas observaciones, aunque han ocupado un espacio tan
grande para ser expuestas, fueron sin embargo el trabajo de
unos pocos segundos.

My visitor was, indeed, on fire with sombre 17.2
excitement.

En efecto, mi visitante ardía de sombría excitación.

"Have you got it?" he cried. "Have you got it?" 18.1

"¿Lo tienes?" gritó. "¿Lo tienes?"

And so lively was his impatience that he even laid his 18.2
hand upon my arm and sought to shake me.

Y tan viva era su impaciencia que incluso me puso la mano
en el brazo y trató de sacudirme.

19.1 I put him back,

Le hice retroceder,

19.2 conscious at his touch of a certain icy pang along my blood.

consciente de que su contacto me helaba la sangre.

19.3 "Come, sir," said I.

"Venga, señor", le dije.

19.4 "You forget that I have not yet the pleasure of your acquaintance.

"Olvida que aún no tengo el placer de conocerle.

19.5 Be seated, if you please."

Siéntese, por favor."

19.6 And I showed him an example, and sat down myself in my customary seat and with as fair an imitation of my ordinary manner to a patient, as the lateness of the hour, the nature of my preoccupations, and the horror I had of my visitor, would suffer me to muster.

Le di ejemplo y me senté yo mismo en mi asiento habitual, imitando lo más fielmente posible mi trato habitual con un paciente, dado lo avanzado de la hora, la naturaleza de mis preocupaciones y el horror que me inspiraba mi visitante.

20.1 "I beg your pardon, Dr. Lanyon," he replied civilly enough.

"Le ruego me disculpe, Dr. Lanyon", contestó civilizadamente.

20.2 "What you say is very well founded;

"Lo que usted dice está muy bien fundado;

and my impatience has shown its heels to my
politeness.   20.3

y mi impaciencia ha mostrado sus talones a mi cortesía.

I come here at the instance of your colleague, Dr.   20.4
Henry Jekyll, on a piece of business of some moment;

He venido aquí a instancias de su colega, el doctor Henry
Jekyll, por un asunto de cierta importancia;

and I understood ..." He paused and put his   20.5
hand to his throat, and I could see, in spite of his
collected manner, that he was wrestling against
the approaches of the hysteria — "I understood, a
drawer ..."

y tenía entendido ..." Hizo una pausa y se llevó la mano a la
garganta, y pude ver, a pesar de sus maneras serenas, que
luchaba contra los accesos de la histeria — : "Entendí, un
cajón ..."

But here I took pity on my visitor's suspense,   21.1

Pero aquí me apiadé del suspense de mi visitante,

and some perhaps on my own growing curiosity.   21.2

y algo quizás de mi propia curiosidad creciente.

"There it is, sir," said I, pointing to the drawer, where   22.1
it lay on the floor behind a table and still covered with
the sheet.

"Ahí está, señor", dije, señalando el cajón, donde yacía en el
suelo detrás de una mesa y todavía cubierto con la sábana.

23.1 He sprang to it, and then paused, and laid his hand upon his heart; I could hear his teeth grate with the convulsive action of his jaws; and his face was so ghastly to see that I grew alarmed both for his life and reason.

Se abalanzó sobre él, pero luego se detuvo y se llevó la mano al corazón; pude oír el rechinar de sus dientes con la convulsiva acción de sus mandíbulas, y su rostro era tan espantoso que llegué a alarmarme tanto por su vida como por su razón.

24.1 "Compose yourself," said I.

"Cálmate," le dije.

25.1 He turned a dreadful smile to me, and as if with the decision of despair, plucked away the sheet.

Me dirigió una espantosa sonrisa y, como con la decisión de la desesperación, arrancó la sábana.

25.2 At sight of the contents,

Al ver el contenido,

25.3 he uttered one loud sob of such immense relief that I sat petrified.

soltó un fuerte sollozo de tan inmenso alivio que me quedé petrificado.

25.4 And the next moment, in a voice that was already fairly well under control,

Y al momento siguiente, con voz ya bastante controlada, preguntó,

25.5 "Have you a graduated glass?" he asked.

"¿Tiene usted un vaso graduado?" .

I rose from my place with something of an effort and gave him what he asked.

26.1

Me levanté de mi sitio con algo de esfuerzo y le di lo que me pedía.

He thanked me with a smiling nod,

27.1

Me dio las gracias con una inclinación de cabeza sonriente,

measured out a few minims of the red tincture and added one of the powders.

27.2

midió unas pocas gotas de tintura roja y añadió uno de los polvos.

The mixture, which was at first of a reddish hue, began, in proportion as the crystals melted, to brighten in colour, to effervesce audibly, and to throw off small fumes of vapour.

27.3

La mezcla, que al principio tenía un tono rojizo, comenzó, a medida que los cristales se fundían, a adquirir un color más brillante, a efervescer audiblemente y a desprender pequeños vapores.

Suddenly and at the same moment, the ebullition ceased and the compound changed to a dark purple, which faded again more slowly to a watery green.

27.4

De repente y en el mismo momento, la ebullición cesó y el compuesto cambió a un púrpura oscuro, que se desvaneció de nuevo más lentamente a un verde acuoso.

My visitor, who had watched these metamorphoses with a keen eye, smiled, set down the glass upon the table, and then turned and looked upon me with an air of scrutiny.

27.5

Mi visitante, que había observado estas metamorfosis con agudeza, sonrió, dejó el vaso sobre la mesa y se volvió para mirarme con aire escrutador.

28.1 "And now," said he, "to settle what remains.
"Y ahora," dijo, "para resolver lo que queda.

28.2 Will you be wise? will you be guided?
¿Seréis prudente? ¿Seréis guiado?

28.3 will you suffer me to take this glass in my hand and to go forth from your house without further parley?
¿Permitiréis que tome este vaso en mi mano y me marche de vuestra casa sin más diálogo?

28.4 or has the greed of curiosity too much command of you?
¿O es que la codicia de la curiosidad os ha dominado demasiado?

28.5 Think before you answer, for it shall be done as you decide.
Pensad antes de responder, pues se hará lo que decidáis.

28.6 As you decide, you shall be left as you were before, and neither richer nor wiser, unless the sense of service rendered to a man in mortal distress may be counted as a kind of riches of the soul.
Decidáis lo que decidáis, quedaréis como estabais antes, y ni más rico ni más sabio, a menos que el sentido del servicio prestado a un hombre en peligro de muerte pueda contarse como una especie de riqueza del alma.

28.7 Or, if you shall so prefer to choose, a new province of knowledge and new avenues to fame and power shall be laid open to you, here, in this room, upon the instant;
O, si así lo prefieres, se abrirá ante ti, aquí, en esta sala, al instante, un nuevo campo de conocimiento y nuevas avenidas hacia la fama y el poder;

and your sight shall be blasted by a prodigy to stagger 28.8
the unbelief of Satan."

y tu vista será fulminada por un prodigio que hará
tambalear la incredulidad de Satanás."

"Sir," said I, affecting a coolness that I was far from 29.1
truly possessing, "you speak enigmas, and you will
perhaps not wonder that I hear you with no very
strong impression of belief.

"Señor", dije yo, afectando una frialdad que estaba lejos
de poseer verdaderamente, "usted habla enigmas, y tal vez
no se extrañará de que le escuche sin una impresión muy
fuerte de creencia.

But I have gone too far in the way of inexplicable 29.2
services to pause before I see the end."

Pero he ido demasiado lejos en el camino de los servicios
inexplicables para detenerme antes de ver el final."

"It is well," replied my visitor. "Lanyon, 30.1

"Está bien," respondió mi visitante. "Lanyon,

you remember your vows: 30.2

recuerda tus votos:

what follows is under the seal of our profession. 30.3

lo que sigue está bajo el sello de nuestra profesión.

And now, you who have so long been bound to the 30.4
most narrow and material views, you who have
denied the virtue of transcendental medicine, you
who have derided your superiors — behold!"

Y ahora, tú que has estado tanto tiempo atado a los puntos
de vista más estrechos y materiales, tú que has negado la
virtud de la medicina trascendental, tú que te has burlado
de tus superiores — ¡mira!"

31.1   He put the glass to his lips and drank at one gulp.

Se llevó el vaso a los labios y bebió de un trago.

31.2   A cry followed; he reeled, staggered, clutched at
the table and held on, staring with injected eyes,
gasping with open mouth; and as I looked there came,
I thought, a change — he seemed to swell — his face
became suddenly black and the features seemed to
melt and alter — and the next moment, I had sprung
to my feet and leaped back against the wall, my arms
raised to shield me from that prodigy, my mind
submerged in terror.

Siguió un grito; se tambaleó, se tambaleó, se agarró a la
mesa y se sujetó, mirando fijamente con ojos inyectados,
jadeando con la boca abierta; y mientras yo miraba se
produjo, me pareció, un cambio - pareció hincharse-, su
rostro se ennegreció de repente y los rasgos parecieron
fundirse y alterarse; y al momento siguiente, me había
puesto en pie de un salto y retrocedí contra la pared, con los
brazos levantados para protegerme de aquel prodigio, con
la mente sumida en el terror.

32.1   "O God!" I screamed, and "O God!" again and again;

"¡Oh Dios!"¡grité, y "¡Oh Dios!" una y otra vez;

32.2   for there before my eyes -

porque allí ante mis ojos -

32.3   pale and shaken, and half fainting, and groping
before him with his hands, like a man restored from
death -

pálido y tembloroso, y medio desmayado, y tanteando ante
él con las manos, como un hombre resucitado de la muerte -

32.4   there stood Henry Jekyll!

estaba Henry Jekyll!

What he told me in the next hour, I cannot bring my mind to set on paper.   33.1

Lo que me dijo en la hora siguiente no puedo ponerlo por escrito.

I saw what I saw, I heard what I heard, and my soul sickened at it;   33.2

Vi lo que vi, oí lo que oí, y mi alma se estremeció ante ello;

and yet now when that sight has faded from my eyes, I ask myself if I believe it, and I cannot answer.   33.3

y sin embargo, ahora que esa visión se ha desvanecido de mis ojos, me pregunto si lo creo, y no puedo responder.

My life is shaken to its roots;   33.4

Mi vida está sacudida hasta sus raíces;

sleep has left me;   33.5

el sueño me ha abandonado;

the deadliest terror sits by me at all hours of the day and night;   33.6

el terror más mortal se sienta a mi lado a todas horas del día y de la noche;

and I feel that my days are numbered, and that I must die;   33.7

y siento que mis días están contados, y que debo morir;

and yet I shall die incredulous.   33.8

y sin embargo moriré incrédulo.

33.9 As for the moral turpitude that man unveiled to me, even with tears of penitence, I cannot, even in memory, dwell on it without a start of horror.

En cuanto a la bajeza moral que el hombre me descubrió, incluso con lágrimas de penitencia, no puedo, ni siquiera en el recuerdo, detenerme en ella sin un sobresalto de horror.

33.10 I will say but one thing, Utterson, and that (if you can bring your mind to credit it) will be more than enough.

No diré más que una cosa, Utterson, y eso (si es que puedes creerlo) será más que suficiente.

33.11 The creature who crept into my house that night was, on Jekyll's own confession, known by the name of Hyde and hunted for in every corner of the land as the murderer of Carew.

La criatura que entró en mi casa aquella noche era, según confesión del propio Jekyll, conocida con el nombre de Hyde y buscada en todos los rincones del país como la asesina de Carew.

34.1 HASTIE LANYON.

HASTIE LANYON.

HENRY JEKYLL'S FULL STATEMENT OF THE CASE

DECLARACIÓN COMPLETA DE HENRY JEKYLL SOBRE EL CASO

1.1 I was born in the year 18 — to a large fortune, endowed besides with excellent parts, inclined by nature to industry, fond of the respect of the wise and good among my fellowmen, and thus, as might have been supposed, with every guarantee of an honourable and distinguished future.

Nací en el año 18 de una gran fortuna, dotado además de excelentes partes, inclinado por naturaleza a la industria, aficionado al respeto de los sabios y buenos entre mis semejantes, y así, como podría haberse supuesto, con todas las garantías de un futuro honorable y distinguido.

And indeed the worst of my faults was a certain
impatient gaiety of disposition, such as has made
the happiness of many, but such as I found it hard
to reconcile with my imperious desire to carry my
head high, and wear a more than commonly grave
countenance before the public.

1.2

Y, en efecto, el peor de mis defectos era cierta impaciente
alegría de carácter, que ha hecho la felicidad de muchos,
pero que me resultaba difícil conciliar con mi imperioso
deseo de llevar la cabeza alta y lucir un semblante más que
comúnmente serio ante el público.

Hence it came about that I concealed my pleasures;
and that when I reached years of reflection, and
began to look round me and take stock of my progress
and position in the world, I stood already committed
to a profound duplicity of life.

1.3

De ahí que ocultara mis placeres, y que cuando llegué a los
años de reflexión y empecé a mirar a mi alrededor y a hacer
balance de mi progreso y posición en el mundo, ya estaba
comprometido con una profunda duplicidad de vida.

Many a man would have even blazoned such
irregularities as I was guilty of;

1.4

Muchos hombres habrían incluso blasonado de tales
irregularidades de las que yo era culpable;

but from the high views that I had set before me,

1.5

pero desde las altas miras que me había fijado,

I regarded and hid them with an almost morbid sense
of shame.

1.6

las miraba y ocultaba con un sentido de vergüenza casi
morboso.

1.7 It was thus rather the exacting nature of my aspirations than any particular degradation in my faults, that made me what I was, and, with even a deeper trench than in the majority of men, severed in me those provinces of good and ill which divide and compound man's dual nature.

Fue, pues, más bien la exigente naturaleza de mis aspiraciones que cualquier degradación particular en mis faltas, lo que me convirtió en lo que era, y, con una zanja aún más profunda que en la mayoría de los hombres, cercenó en mí esas provincias del bien y del mal que dividen y componen la doble naturaleza del hombre.

1.8 In this case, I was driven to reflect deeply and inveterately on that hard law of life, which lies at the root of religion and is one of the most plentiful springs of distress.

En este caso, me vi impulsado a reflexionar profunda e inveteradamente sobre esa dura ley de la vida, que está en la raíz de la religión y es uno de los manantiales más abundantes de la angustia.

1.9 Though so profound a double-dealer,

Aunque tan profundamente traicionero,

1.10 I was in no sense a hypocrite;

yo no era en ningún sentido un hipócrita;

1.11 both sides of me were in dead earnest;

ambas partes de mí eran muy serias;

I was no more myself when I laid aside restraint and   1.12
plunged in shame, than when I laboured, in the eye of
day, at the furtherance of knowledge or the relief of
sorrow and suffering.

yo no era más yo mismo cuando dejaba a un lado
la restricción y me sumergía en la vergüenza, que
cuando trabajaba, a los ojos del día, en la promoción del
conocimiento o el alivio de la pena y el sufrimiento.

And it chanced that the direction of my scientific   1.13
studies, which led wholly towards the mystic and the
transcendental, reacted and shed a strong light on
this consciousness of the perennial war among my
members.

Y sucedió que la dirección de mis estudios científicos, que
se dirigían totalmente hacia lo místico y lo trascendental,
reaccionó y arrojó una fuerte luz sobre esta conciencia de la
guerra perenne entre mis miembros.

With every day, and from both sides of my   1.14
intelligence, the moral and the intellectual, I thus
drew steadily nearer to that truth, by whose partial
discovery I have been doomed to such a dreadful
shipwreck:

Con cada día, y desde ambos lados de mi inteligencia, el
moral y el intelectual, me fui acercando cada vez más
a esa verdad, por cuyo descubrimiento parcial he sido
condenado a tan espantoso naufragio:

that man is not truly one,   1.15

que el hombre no es verdaderamente uno,

but truly two. I say two,   1.16

sino verdaderamente dos. Digo dos, .

1.17 because the state of my own knowledge does not pass beyond that point.

porque el estado de mi propio conocimiento no pasa de ese punto.

1.18 Others will follow, others will outstrip me on the same lines;

Otros me seguirán, otros me superarán en las mismas líneas;

1.19 and I hazard the guess that man will be ultimately known for a mere polity of multifarious,

y me arriesgo a suponer que el hombre será finalmente conocido como una mera entidad política de habitantes multifacéticos,

1.20 incongruous and independent denizens.

incongruentes e independientes.

1.21 I, for my part, from the nature of my life, advanced infallibly in one direction and in one direction only.

Yo, por mi parte, por la naturaleza de mi vida, avancé infaliblemente en una dirección y en una sola dirección.

1.22 It was on the moral side, and in my own person, that I learned to recognise the thorough and primitive duality of man;

Fue en el aspecto moral, y en mi propia persona, donde aprendí a reconocer la completa y primitiva dualidad del hombre;

I saw that, of the two natures that contended in the   1.23
field of my consciousness, even if I could rightly be
said to be either, it was only because I was radically
both;

vi que, de las dos naturalezas que contendían en el campo
de mi conciencia, incluso si podía decirse con razón
que yo era cualquiera de las dos, era sólo porque yo era
radicalmente ambas;

and from an early date, even before the course of my   1.24
scientific discoveries had begun to suggest the most
naked possibility of such a miracle, I had learned to
dwell with pleasure, as a beloved daydream, on the
thought of the separation of these elements.

y desde una fecha temprana, incluso antes de que el curso
de mis descubrimientos científicos hubiera empezado a
sugerir la más desnuda posibilidad de tal milagro, había
aprendido a morar con placer, como un amado ensueño, en
el pensamiento de la separación de estos elementos.

If each, I told myself, could be housed in separate   1.25
identities, life would be relieved of all that was
unbearable;

Si cada uno de ellos, me decía a mí mismo, pudiera ser
alojado en identidades separadas, la vida se vería aliviada
de todo lo que era insoportable;

the unjust might go his way,   1.26

el injusto podría seguir su camino,

delivered from the aspirations and remorse of his   1.27
more upright twin;

liberado de las aspiraciones y remordimientos de su gemelo
más recto;

1.28 and the just could walk steadfastly and securely on his upward path, doing the good things in which he found his pleasure, and no longer exposed to disgrace and penitence by the hands of this extraneous evil.

y el justo podría caminar firme y seguro en su camino ascendente, haciendo las cosas buenas en las que encontraba su placer, y ya no estaría expuesto a la desgracia y la penitencia a manos de este mal ajeno.

1.29 It was the curse of mankind that these incongruous faggots were thus bound together — that in the agonised womb of consciousness, these polar twins should be continuously struggling.

Fue la maldición de la humanidad que estos incongruentes maricones estuvieran así unidos, que en el vientre agonizante de la conciencia, estos gemelos polares estuvieran continuamente luchando.

1.30 How, then were they dissociated?

¿Cómo, entonces, se disociaron?

2.1 I was so far in my reflections when, as I have said, a side light began to shine upon the subject from the laboratory table.

Estaba tan lejos en mis reflexiones cuando, como he dicho, una luz lateral comenzó a brillar sobre el tema desde la mesa del laboratorio.

2.2 I began to perceive more deeply than it has ever yet been stated, the trembling immateriality, the mistlike transience, of this seemingly so solid body in which we walk attired.

Empecé a percibir más profundamente de lo que nunca se ha dicho, la temblorosa inmaterialidad, la brumosa transitoriedad de este cuerpo aparentemente tan sólido en el que caminamos vestidos.

Certain agents I found to have the power to shake and pluck back that fleshly vestment,

2.3

Descubrí que ciertos agentes tenían el poder de sacudir y arrancar esa vestidura carnal,

even as a wind might toss the curtains of a pavilion.

2.4

igual que el viento puede mover las cortinas de un pabellón.

For two good reasons,

2.5

Por dos buenas razones,

I will not enter deeply into this scientific branch of my confession.

2.6

no entraré profundamente en esta rama científica de mi confesión.

First, because I have been made to learn that the doom and burthen of our life is bound for ever on man's shoulders, and when the attempt is made to cast it off, it but returns upon us with more unfamiliar and more awful pressure.

2.7

En primer lugar, porque he aprendido que la condena y la carga de nuestra vida están atadas para siempre a los hombros del hombre, y cuando se intenta desprenderse de ellas, vuelven sobre nosotros con una presión más desconocida y más terrible.

Second, because, as my narrative will make, alas!

2.8

En segundo lugar, porque, como mi narración hará, ¡ay!

too evident, my discoveries were incomplete.

2.9

demasiado evidente, mis descubrimientos eran incompletos.

2.10 Enough then, that I not only recognised my natural body from the mere aura and effulgence of certain of the powers that made up my spirit, but managed to compound a drug by which these powers should be dethroned from their supremacy, and a second form and countenance substituted, none the less natural to me because they were the expression, and bore the stamp of lower elements in my soul.

Basta, pues, que no sólo reconociese mi cuerpo natural por la mera aureola y resplandor de algunas de las potencias que componían mi espíritu, sino que lograse componer una droga por la cual estas potencias fuesen destronadas de su supremacía, y sustituidas por una segunda forma y semblante, no menos naturales para mí porque eran la expresión y llevaban el sello de elementos inferiores de mi alma.

3.1 I hesitated long before I put this theory to the test of practice.

Dudé mucho antes de poner esta teoría a prueba en la práctica.

3.2 I knew well that I risked death;

Sabía muy bien que me arriesgaba a morir;

3.3 for any drug that so potently controlled and shook the very fortress of identity, might, by the least scruple of an overdose or at the least inopportunity in the moment of exhibition, utterly blot out that immaterial tabernacle which I looked to it to change.

porque cualquier droga que controlara tan potentemente y sacudiera la fortaleza misma de la identidad, podría, por el menor escrúpulo de una sobredosis o a la menor inoportunidad en el momento de la exhibición, borrar por completo ese tabernáculo inmaterial que yo esperaba que cambiara.

But the temptation of a discovery so singular and profound at last overcame the suggestions of alarm.

3.4

Pero la tentación de un descubrimiento tan singular y profundo venció al fin las sugestiones de alarma.

I had long since prepared my tincture;

3.5

Hacía mucho tiempo que había preparado mi tintura;

I purchased at once, from a firm of wholesale chemists, a large quantity of a particular salt which I knew, from my experiments, to be the last ingredient required;

3.6

compré en seguida, a una firma de químicos mayoristas, una gran cantidad de una sal particular que sabía, por mis experimentos, que era el último ingrediente requerido;

and late one accursed night, I compounded the elements, watched them boil and smoke together in the glass, and when the ebullition had subsided, with a strong glow of courage, drank off the potion.

3.7

y tarde una noche maldita, compuse los elementos, los vi hervir y humear juntos en el vaso, y cuando la ebullición se hubo calmado, con un fuerte resplandor de coraje, me bebí la poción.

The most racking pangs succeeded:

4.1

Me sobrevinieron los más atroces dolores:

a grinding in the bones, deadly nausea, and a horror of the spirit that cannot be exceeded at the hour of birth or death.

4.2

un crujido en los huesos, náuseas mortales y un horror del espíritu que no puede superarse en la hora del nacimiento o de la muerte.

Then these agonies began swiftly to subside,

4.3

Luego estas agonías empezaron a remitir rápidamente,

4.4 and I came to myself as if out of a great sickness.

y volví en mí como si saliera de una gran enfermedad.

4.5 There was something strange in my sensations, something indescribably new and, from its very novelty, incredibly sweet.

Había algo extraño en mis sensaciones, algo indescriptiblemente nuevo y, por su misma novedad, increíblemente dulce.

4.6 I felt younger, lighter, happier in body;

Me sentía más joven, más ligero, más feliz de cuerpo;

4.7 within I was conscious of a heady recklessness, a current of disordered sensual images running like a millrace in my fancy, a solution of the bonds of obligation, an unknown but not an innocent freedom of the soul.

por dentro era consciente de una temeridad embriagadora, una corriente de imágenes sensuales desordenadas que corrían como un molino en mi fantasía, una solución de los lazos de la obligación, una desconocida pero no inocente libertad del alma.

4.8 I knew myself, at the first breath of this new life, to be more wicked, tenfold more wicked, sold a slave to my original evil;

Me supe, en el primer aliento de esta nueva vida, más malvado, diez veces más malvado, vendido esclavo a mi maldad original;

4.9 and the thought, in that moment, braced and delighted me like wine.

y el pensamiento, en aquel momento, me vigorizó y deleitó como el vino.

4.10 I stretched out my hands,

Extendí las manos,

exulting in the freshness of these sensations; and in the act,

4.11

exultante por la frescura de estas sensaciones; y en el acto,

I was suddenly aware that I had lost in stature.

4.12

me di cuenta de repente de que había perdido estatura.

There was no mirror, at that date, in my room;

5.1

En aquella época no había espejo en mi habitación;

that which stands beside me as I write,

5.2

el que está a mi lado mientras escribo,

was brought there later on and for the very purpose of these transformations.

5.3

fue llevado allí más tarde y con el propósito mismo de estas transformaciones.

The night however, was far gone into the morning — the morning, black as it was, was nearly ripe for the conception of the day — the inmates of my house were locked in the most rigorous hours of slumber; and I determined, flushed as I was with hope and triumph, to venture in my new shape as far as to my bedroom.

5.4

La noche, sin embargo, se había adentrado en la mañana; la mañana, negra como era, estaba casi madura para la concepción del día; los habitantes de mi casa estaban encerrados en las horas más rigurosas del sueño; y decidí, enrojecido como estaba de esperanza y triunfo, aventurarme en mi nueva forma hasta mi dormitorio.

5.5 I crossed the yard, wherein the constellations looked down upon me, I could have thought, with wonder, the first creature of that sort that their unsleeping vigilance had yet disclosed to them;

Crucé el patio, donde las constelaciones me contemplaban, podría haber pensado, con asombro, la primera criatura de esa clase que su vigilancia insomne les había revelado hasta entonces;

5.6 I stole through the corridors,

me escabullí por los pasillos,

5.7 a stranger in my own house; and coming to my room,

como un extraño en mi propia casa; y al llegar a mi habitación,

5.8 I saw for the first time the appearance of Edward Hyde.

vi por primera vez la apariencia de Edward Hyde.

6.1 I must here speak by theory alone, saying not that which I know, but that which I suppose to be most probable.

Aquí debo hablar sólo por teoría, diciendo no lo que sé, sino lo que supongo más probable.

6.2 The evil side of my nature, to which I had now transferred the stamping efficacy, was less robust and less developed than the good which I had just deposed.

El lado malo de mi naturaleza, al que ahora había transferido la eficacia del sello, era menos robusto y estaba menos desarrollado que el bueno que acababa de deponer.

Again, in the course of my life, which had been, after 6.3
all, nine tenths a life of effort, virtue and control,
it had been much less exercised and much less
exhausted.

Además, en el curso de mi vida, que había sido, después de
todo, nueve décimas partes una vida de esfuerzo, virtud
y control, se había ejercitado mucho menos y se había
agotado mucho menos.

And hence, as I think, it came about that Edward 6.4
Hyde was so much smaller, slighter and younger than
Henry Jekyll.

Y de ahí, según creo, que Edward Hyde fuera mucho más
pequeño, delgado y joven que Henry Jekyll.

Even as good shone upon the countenance of the one, 6.5

Así como el bien brillaba en el semblante de uno,

evil was written broadly and plainly on the face of the 6.6
other.

el mal estaba escrito amplia y claramente en el rostro del
otro.

Evil besides (which I must still believe to be the lethal 6.7
side of man) had left on that body an imprint of
deformity and decay.

Además, el mal (que yo sigo creyendo que es el lado letal
del hombre) había dejado en aquel cuerpo una huella de
deformidad y decadencia.

And yet when I looked upon that ugly idol in the glass, 6.8
I was conscious of no repugnance, rather of a leap of
welcome.

Y sin embargo, cuando miré a aquel feo ídolo en el
cristal, no sentí repugnancia, sino más bien un salto de
bienvenida.

6.9 This, too, was myself. It seemed natural and human.

También era yo mismo. Parecía natural y humano.

6.10 In my eyes it bore a livelier image of the spirit, it seemed more express and single, than the imperfect and divided countenance I had been hitherto accustomed to call mine.

A mis ojos tenía una imagen más viva del espíritu, parecía más expresivo y único que el rostro imperfecto y dividido que hasta entonces había estado acostumbrado a llamar mío.

6.11 And in so far I was doubtless right.

Y en eso, sin duda, tenía razón.

6.12 I have observed that when I wore the semblance of Edward Hyde,

He observado que cuando llevaba la apariencia de Edward Hyde,

6.13 none could come near to me at first without a visible misgiving of the flesh.

al principio nadie podía acercarse a mí sin un visible recelo de la carne.

6.14 This, as I take it, was because all human beings, as we meet them, are commingled out of good and evil:

Esto, según creo, se debía a que todos los seres humanos, tal como los conocemos, están mezclados de bien y de mal:

6.15 and Edward Hyde, alone in the ranks of mankind, was pure evil.

y Edward Hyde, sólo en las filas de la humanidad, era puro mal.

7.1 I lingered but a moment at the mirror:

No me detuve más que un momento ante el espejo:

the second and conclusive experiment had yet to be attempted; 7.2

aún quedaba por intentar el segundo y concluyente experimento;

it yet remained to be seen if I had lost my identity beyond redemption and must flee before daylight from a house that was no longer mine; 7.3

aún quedaba por ver si había perdido mi identidad de forma irremediable y debía huir antes de que amaneciera de una casa que ya no era la mía;

and hurrying back to my cabinet, I once more prepared and drank the cup, once more suffered the pangs of dissolution, and came to myself once more with the character, the stature and the face of Henry Jekyll. 7.4

y volviendo apresuradamente a mi gabinete, preparé y bebí una vez más la copa, sufrí una vez más los dolores de la disolución, y volví en mí una vez más con el carácter, la estatura y el rostro de Henry Jekyll.

That night I had come to the fatal cross-roads. 8.1

Aquella noche había llegado a la encrucijada fatal.

Had I approached my discovery in a more noble spirit, had I risked the experiment while under the empire of generous or pious aspirations, all must have been otherwise, and from these agonies of death and birth, I had come forth an angel instead of a fiend. 8.2

Si hubiera abordado mi descubrimiento con un espíritu más noble, si hubiera arriesgado el experimento mientras estaba bajo el imperio de aspiraciones generosas o piadosas, todo habría sido diferente, y de estas agonías de muerte y nacimiento, habría salido un ángel en lugar de un demonio.

8.3 The drug had no discriminating action;

La droga no tenía acción discriminatoria;

8.4 it was neither diabolical nor divine;

no era ni diabólica ni divina;

8.5 it but shook the doors of the prisonhouse of my disposition;

sólo sacudió las puertas de la prisión de mi disposición;

8.6 and like the captives of Philippi,

y como los cautivos de Filipos,

8.7 that which stood within ran forth.

lo que estaba dentro salió corriendo.

8.8 At that time my virtue slumbered;

En aquel momento mi virtud dormitaba;

8.9 my evil, kept awake by ambition, was alert and swift to seize the occasion;

mi maldad, mantenida despierta por la ambición, estaba alerta y rápida para aprovechar la ocasión;

8.10 and the thing that was projected was Edward Hyde.

y lo que se proyectaba era Edward Hyde.

8.11 Hence, although I had now two characters as well as two appearances, one was wholly evil, and the other was still the old Henry Jekyll, that incongruous compound of whose reformation and improvement I had already learned to despair.

Por lo tanto, aunque ahora tenía dos caracteres y dos apariencias, uno era totalmente malvado y el otro seguía siendo el viejo Henry Jekyll, ese compuesto incongruente de cuya reforma y mejora ya había aprendido a desesperar.

The movement was thus wholly toward the worse.   8.12

El movimiento era, pues, totalmente hacia lo peor.

Even at that time, I had not conquered my aversions   9.1
to the dryness of a life of study.

Ni siquiera en aquella época había vencido mis aversiones a
la aridez de una vida de estudio.

I would still be merrily disposed at times;   9.2

A veces seguía estando alegremente dispuesto;

and as my pleasures were (to say the least)   9.3
undignified, and I was not only well known and
highly considered, but growing towards the elderly
man, this incoherency of my life was daily growing
more unwelcome.

y como mis placeres eran (por decir lo menos) indignos, y
yo no sólo era bien conocido y muy considerado, sino que
me acercaba cada vez más al anciano, esta incoherencia de
mi vida era cada día más inoportuna.

It was on this side that my new power tempted me   9.4
until I fell in slavery.

Fue por este lado que mi nuevo poder me tentó hasta
hacerme caer en la esclavitud.

I had but to drink the cup, to doff at once the body of   9.5
the noted professor, and to assume, like a thick cloak,
that of Edward Hyde.

No tenía más que beber la copa, despojarme de inmediato
del cuerpo del célebre profesor y asumir, como un espeso
manto, el de Edward Hyde.

9.6 I smiled at the notion; it seemed to me at the time to be humourous; and I made my preparations with the most studious care.

La idea me hizo sonreír; en aquel momento me pareció graciosa, e hice mis preparativos con el mayor cuidado.

9.7 I took and furnished that house in Soho,

Adquirí y amueblé aquella casa del Soho a la que la policía había seguido la pista de Hyde,

9.8 to which Hyde was tracked by the police; and engaged as a housekeeper a creature whom I knew well to be silent and unscrupulous.

y contraté como ama de llaves a una criatura que sabía muy bien que era silenciosa y carecía de escrúpulos.

9.9 On the other side,

Por otra parte,

9.10 I announced to my servants that a Mr. Hyde (whom I described) was to have full liberty and power about my house in the square;

anuncié a mis criados que un tal señor Hyde (a quien yo describía) iba a tener plena libertad y poder en mi casa de la plaza;

9.11 and to parry mishaps, I even called and made myself a familiar object, in my second character.

y para evitar contratiempos, incluso me hice llamar y me convertí en un objeto familiar, en mi segundo personaje.

I next drew up that will to which you so much
objected; so that if anything befell me in the person
of Dr. Jekyll, I could enter on that of Edward Hyde
without pecuniary loss.

9.12

A continuación redacté ese testamento al que tanto os
opusisteis, de modo que si algo me sucedía en la persona
del doctor Jekyll, pudiera entrar en la de Edward Hyde sin
pérdida pecuniaria.

And thus fortified, as I supposed, on every side, I
began to profit by the strange immunities of my
position.

9.13

Y así fortalecido, como suponía, por todos lados, empecé a
beneficiarme de las extrañas inmunidades de mi posición.

Men have before hired bravos to transact their
crimes,

10.1

Los hombres han contratado antes a bravos para tramitar
sus crímenes,

while their own person and reputation sat under
shelter.

10.2

mientras que su propia persona y reputación estaban a
cubierto.

I was the first that ever did so for his pleasures.

10.3

Yo fui el primero que lo hizo por sus placeres.

I was the first that could plod in the public eye with
a load of genial respectability, and in a moment,
like a schoolboy, strip off these lendings and spring
headlong into the sea of liberty.

10.4

Fui el primero que pudo arrastrarse ante el ojo público con
una carga de respetabilidad genial, y en un momento, como
un colegial, despojarse de estos préstamos y lanzarse de
cabeza al mar de la libertad.

10.5 But for me, in my impenetrable mantle, the safety was complete.

Pero para mí, en mi impenetrable manto, la seguridad era completa.

10.6 Think of it — I did not even exist!

Piense en ello: ¡yo ni siquiera existía!

10.7 Let me but escape into my laboratory door,

Dejadme escapar a la puerta de mi laboratorio,

10.8 give me but a second or two to mix and swallow the draught that I had always standing ready;

dadme sólo un segundo o dos para mezclar y tragar la bebida que siempre tenía preparada;

10.9 and whatever he had done, Edward Hyde would pass away like the stain of breath upon a mirror;

y, hubiera hecho lo que hubiera hecho, Edward Hyde desaparecería como la mancha del aliento sobre un espejo;

10.10 and there in his stead, quietly at home, trimming the midnight lamp in his study, a man who could afford to laugh at suspicion, would be Henry Jekyll.

y en su lugar, tranquilamente en casa, arreglando la lámpara de medianoche en su estudio, un hombre que podía permitirse reírse de las sospechas, estaría Henry Jekyll.

11.1 The pleasures which I made haste to seek in my disguise were, as I have said, undignified;

Los placeres que me apresuré a buscar con mi disfraz eran, como he dicho, indignos;

11.2 I would scarce use a harder term.

apenas emplearía un término más duro.

But in the hands of Edward Hyde,   11.3
Pero en manos de Edward Hyde,

they soon began to turn toward the monstrous.   11.4
pronto empezaron a volverse monstruosos.

When I would come back from these excursions,   11.5
Cuando regresaba de estas excursiones,

I was often plunged into a kind of wonder at my   11.6
vicarious depravity.
a menudo me asombraba de mi depravación vicaria.

This familiar that I called out of my own soul, and   11.7
sent forth alone to do his good pleasure, was a being
inherently malign and villainous;
Este familiar que yo llamaba de mi propia alma, y enviaba
solo para hacer su bien, era un ser intrínsecamente
maligno y villano;

his every act and thought centered on self;   11.8
todos sus actos y pensamientos se centraban en sí mismo;

drinking pleasure with bestial avidity from any   11.9
degree of torture to another;
bebía placer con avidez bestial de cualquier grado de
tortura a otro;

relentless like a man of stone.   11.10
implacable como un hombre de piedra.

Henry Jekyll stood at times aghast before the acts of   11.11
Edward Hyde;
Henry Jekyll se quedaba a veces atónito ante los actos de
Edward Hyde;

11.12 but the situation was apart from ordinary laws,

pero la situación estaba al margen de las leyes ordinarias,

11.13 and insidiously relaxed the grasp of conscience.

y relajaba insidiosamente el dominio de la conciencia.

11.14 It was Hyde, after all, and Hyde alone, that was guilty.

Era Hyde, después de todo, y sólo Hyde, el culpable.

11.15 Jekyll was no worse;

Jekyll no estaba peor;

11.16 he woke again to his good qualities seemingly unimpaired;

despertaba de nuevo a sus buenas cualidades aparentemente intactas;

11.17 he would even make haste, where it was possible, to undo the evil done by Hyde.

incluso se apresuraba, cuando era posible, a deshacer el mal hecho por Hyde.

11.18 And thus his conscience slumbered.

Y así dormía su conciencia.

12.1 Into the details of the infamy at which I thus connived (for even now I can scarce grant that I committed it) I have no design of entering;

No tengo intención de entrar en los detalles de la infamia que así cometí (pues incluso ahora apenas puedo admitir que la cometí);

12.2 I mean but to point out the warnings and the successive steps with which my chastisement approached.

sólo pretendo señalar las advertencias y los pasos sucesivos con los que se acercó mi castigo.

I met with one accident which, as it brought on no consequence, I shall no more than mention.

12.3

Tuve un accidente que, como no tuvo consecuencias, me limitaré a mencionar.

An act of cruelty to a child aroused against me the anger of a passer-by,

12.4

Un acto de crueldad con un niño despertó contra mí la cólera de un transeúnte,

whom I recognised the other day in the person of your kinsman;

12.5

a quien reconocí el otro día en la persona de su pariente;

the doctor and the child's family joined him;

12.6

el médico y la familia del niño se unieron a él;

there were moments when I feared for my life;

12.7

hubo momentos en que temí por mi vida;

and at last, in order to pacify their too just resentment, Edward Hyde had to bring them to the door, and pay them in a cheque drawn in the name of Henry Jekyll.

12.8

y al fin, para apaciguar su demasiado justo resentimiento, Edward Hyde tuvo que llevarlos a la puerta, y pagarles con un cheque extendido a nombre de Henry Jekyll.

But this danger was easily eliminated from the future,

12.9

Pero este peligro se eliminó fácilmente en el futuro,

by opening an account at another bank in the name of Edward Hyde himself;

12.10

abriendo una cuenta en otro banco a nombre del propio Edward Hyde;

12.11 and when, by sloping my own hand backward, I had supplied my double with a signature, I thought I sat beyond the reach of fate.

y cuando, inclinando mi propia mano hacia atrás, hube proporcionado a mi doble una firma, creí estar fuera del alcance del destino.

13.1 Some two months before the murder of Sir Danvers, I had been out for one of my adventures, had returned at a late hour, and woke the next day in bed with somewhat odd sensations.

Unos dos meses antes del asesinato de sir Danvers, yo había salido para una de mis aventuras, había regresado a una hora tardía y me desperté al día siguiente en la cama con sensaciones un tanto extrañas.

13.2 It was in vain I looked about me;

En vano miré a mi alrededor;

13.3 in vain I saw the decent furniture and tall proportions of my room in the square;

en vano vi los decentes muebles y las altas proporciones de mi habitación en la plaza;

13.4 in vain that I recognised the pattern of the bed curtains and the design of the mahogany frame;

en vano reconocí el dibujo de las cortinas de la cama y el diseño del marco de caoba;

13.5 something still kept insisting that I was not where I was, that I had not wakened where I seemed to be, but in the little room in Soho where I was accustomed to sleep in the body of Edward Hyde.

algo seguía insistiendo en que yo no estaba donde estaba, que no me había despertado donde parecía estar, sino en la pequeña habitación del Soho donde acostumbraba a dormir en el cuerpo de Edward Hyde.

I smiled to myself, and in my psychological way,   13.6
began lazily to inquire into the elements of this
illusion, occasionally, even as I did so, dropping
back into a comfortable morning doze.

Sonreí para mis adentros y, a mi manera psicológica,
empecé a indagar perezosamente en los elementos de
esta ilusión, cayendo de vez en cuando, incluso mientras lo
hacía, en una cómoda somnolencia matutina.

I was still so engaged when, in one of my more   13.7
wakeful moments, my eyes fell upon my hand.

Todavía estaba así de ocupado cuando, en uno de mis
momentos más despiertos, mis ojos se posaron en mi mano.

Now the hand of Henry Jekyll (as you have often   13.8
remarked) was professional in shape and size;

Ahora bien, la mano de Henry Jekyll (como usted ha
observado a menudo) era profesional en forma y tamaño;

it was large, firm, white and comely.   13.9

era grande, firme, blanca y atractiva.

But the hand which I now saw, clearly enough, in   13.10
the yellow light of a mid-London morning, lying half
shut on the bedclothes, was lean, corded, knuckly,
of a dusky pallor and thickly shaded with a swart
growth of hair.

Pero la mano que ahora veía, con suficiente claridad, a la
luz amarilla de una mañana londinense, medio cerrada
sobre la ropa de cama, era delgada, nervuda, de una palidez
oscura y densamente sombreada por un vello crecido.

It was the hand of Edward Hyde.   13.11

Era la mano de Edward Hyde.

14.1 I must have stared upon it for near half a minute, sunk as I was in the mere stupidity of wonder, before terror woke up in my breast as sudden and startling as the crash of cymbals;

Debí de quedarme mirándolo casi medio minuto, hundido como estaba en la mera estupidez del asombro, antes de que el terror despertara en mi pecho tan súbito y sorprendente como el estruendo de los címbalos;

14.2 and bounding from my bed I rushed to the mirror.

y saltando de la cama corrí hacia el espejo.

14.3 At the sight that met my eyes,

Ante la visión que se cruzó con mis ojos,

14.4 my blood was changed into something exquisitely thin and icy.

mi sangre se transformó en algo exquisitamente delgado y helado.

14.5 Yes, I had gone to bed Henry Jekyll, I had awakened Edward Hyde.

Sí, me había acostado con Henry Jekyll y me había despertado con Edward Hyde.

14.6 How was this to be explained? I asked myself;

¿Cómo podía explicarse esto? me pregunté;

14.7 and then, with another bound of terror — how was it to be remedied?

y luego, con otro ramalazo de terror, ¿cómo remediarlo?

It was well on in the morning; the servants were up; 14.8
all my drugs were in the cabinet — a long journey
down two pairs of stairs, through the back passage,
across the open court and through the anatomical
theatre, from where I was then standing horror-
struck.

Era bien entrada la mañana; los criados se habían
levantado; todos mis medicamentos estaban en el
gabinete; un largo viaje por dos pares de escaleras, a
través del pasadizo trasero, a través del patio abierto y a
través del teatro anatómico, desde donde me encontraba
horrorizado.

It might indeed be possible to cover my face; but of 14.9
what use was that, when I was unable to conceal the
alteration in my stature?

Sería posible cubrirme la cara, pero ¿de qué serviría eso,
cuando era incapaz de ocultar la alteración de mi estatura?

And then with an overpowering sweetness of relief, 14.10
it came back upon my mind that the servants were
already used to the coming and going of my second
self.

Y entonces, con una dulzura de alivio abrumadora, me vino
a la memoria que los criados ya estaban acostumbrados a
las idas y venidas de mi segundo yo.

14.11 I had soon dressed, as well as I was able, in clothes of my own size: had soon passed through the house, where Bradshaw stared and drew back at seeing Mr. Hyde at such an hour and in such a strange array; and ten minutes later, Dr. Jekyll had returned to his own shape and was sitting down, with a darkened brow, to make a feint of breakfasting.

No tardé en vestirme, lo mejor que pude, con ropas de mi talla; no tardé en atravesar la casa, donde Bradshaw se quedó mirando y retrocedió al ver al señor Hyde a esas horas y en tan extraño atuendo; y diez minutos después, el doctor Jekyll había vuelto a su forma y estaba sentado, con el ceño fruncido, para fingir que desayunaba.

15.1 Small indeed was my appetite.

Mi apetito era realmente escaso.

15.2 This inexplicable incident, this reversal of my previous experience, seemed, like the Babylonian finger on the wall, to be spelling out the letters of my judgment;

Este inexplicable incidente, esta inversión de mi experiencia anterior, parecía, como el dedo babilónico en la pared, estar deletreando las letras de mi juicio;

15.3 and I began to reflect more seriously than ever before on the issues and possibilities of my double existence.

y empecé a reflexionar más seriamente que nunca sobre las cuestiones y posibilidades de mi doble existencia.

15.4 That part of me which I had the power of projecting,

Esa parte de mí que tenía el poder de proyectar,

15.5 had lately been much exercised and nourished;

había sido últimamente muy ejercitada y alimentada;

it had seemed to me of late as though the body of
Edward Hyde had grown in stature,

15.6

últimamente me había parecido como si el cuerpo de
Edward Hyde hubiera crecido en estatura,

as though (when I wore that form) I were conscious
of a more generous tide of blood;

15.7

como si (cuando llevaba esa forma) fuera consciente de una
marea de sangre más generosa;

and I began to spy a danger that, if this were much
prolonged, the balance of my nature might be
permanently overthrown, the power of voluntary
change be forfeited, and the character of Edward
Hyde become irrevocably mine.

15.8

y empecé a espiar el peligro de que, si esto se prolongaba
mucho, el equilibrio de mi naturaleza podría ser
permanentemente derrocado, el poder de cambio
voluntario perdido, y el carácter de Edward Hyde
convertido irrevocablemente en el mío.

The power of the drug had not been always equally
displayed.

15.9

El poder de la droga no siempre se había manifestado por
igual.

Once, very early in my career, it had totally failed me;

15.10

Una vez, muy al principio de mi carrera, me había fallado
totalmente;

since then I had been obliged on more than one
occasion to double, and once, with infinite risk of
death, to treble the amount;

15.11

desde entonces me había visto obligado en más de una
ocasión a doblar, y una vez, con infinito riesgo de muerte, a
triplicar la cantidad;

15.12 and these rare uncertainties had cast hitherto the sole shadow on my contentment.

y estas raras incertidumbres habían arrojado hasta entonces la única sombra sobre mi satisfacción.

15.13 Now, however, and in the light of that morning's accident, I was led to remark that whereas, in the beginning, the difficulty had been to throw off the body of Jekyll, it had of late gradually but decidedly transferred itself to the other side.

Ahora, sin embargo, y a la luz del accidente de aquella mañana, me vi obligado a observar que, mientras que al principio la dificultad había consistido en deshacerse del cuerpo de Jekyll, últimamente se había trasladado gradual pero decididamente al otro lado.

15.14 All things therefore seemed to point to this; that I was slowly losing hold of my original and better self, and becoming slowly incorporated with my second and worse.

Por lo tanto, todo parecía indicar que yo estaba perdiendo lentamente mi yo original y mejor, y que me estaba incorporando lentamente a mi segundo y peor yo.

16.1 Between these two, I now felt I had to choose.

Ahora sentía que tenía que elegir entre las dos.

16.2 My two natures had memory in common,

Mis dos naturalezas tenían en común la memoria,

16.3 but all other faculties were most unequally shared between them.

pero todas las demás facultades estaban muy desigualmente repartidas entre ellas.

Jekyll (who was composite) now with the most   16.4
sensitive apprehensions, now with a greedy gusto,
projected and shared in the pleasures and adventures
of Hyde;

Jekyll (que era compuesto) ahora con las aprensiones más
sensibles, ahora con un gusto codicioso, proyectaba y
compartía los placeres y aventuras de Hyde;

but Hyde was indifferent to Jekyll,   16.5

pero Hyde era indiferente a Jekyll,

or but remembered him as the mountain bandit   16.6
remembers the cavern in which he conceals himself
from pursuit.

o sólo lo recordaba como el bandido de la montaña
recuerda la caverna en la que se oculta de la persecución.

Jekyll had more than a father's interest;   16.7

Jekyll tenía más que el interés de un padre;

Hyde had more than a son's indifference.   16.8

Hyde tenía más que la indiferencia de un hijo.

To cast in my lot with Jekyll, was to die to those   16.9
appetites which I had long secretly indulged and
had of late begun to pamper.

Unirme a Jekyll era morir a esos apetitos que durante tanto
tiempo había complacido en secreto y que últimamente
había empezado a mimar.

To cast it in with Hyde, was to die to a thousand   16.10
interests and aspirations, and to become, at a blow
and forever, despised and friendless.

Unirme a Hyde era morir a mil intereses y aspiraciones,
y convertirme, de golpe y para siempre, en un ser
despreciado y sin amigos.

16.11 The bargain might appear unequal; but there was still another consideration in the scales; for while Jekyll would suffer smartingly in the fires of abstinence, Hyde would be not even conscious of all that he had lost.

El trato podía parecer desigual; pero aún había otra consideración en la balanza, pues mientras Jekyll sufriría duramente en el fuego de la abstinencia, Hyde ni siquiera sería consciente de todo lo que había perdido.

16.12 Strange as my circumstances were,

Por extrañas que fuesen mis circunstancias,

16.13 the terms of this debate are as old and commonplace as man;

los términos de este debate son tan antiguos y comunes como el hombre;

16.14 much the same inducements and alarms cast the die for any tempted and trembling sinner;

los mismos alicientes y alarmas arrojan la suerte para cualquier pecador tentado y tembloroso;

16.15 and it fell out with me, as it falls with so vast a majority of my fellows, that I chose the better part and was found wanting in the strength to keep to it.

y a mí me sucedió, como a la inmensa mayoría de mis semejantes, que elegí la mejor parte y me faltaron fuerzas para mantenerla.

17.1 Yes, I preferred the elderly and discontented doctor, surrounded by friends and cherishing honest hopes;

Sí, preferí al médico anciano y descontento, rodeado de amigos y abrigando honestas esperanzas;

and bade a resolute farewell to the liberty, the   17.2
comparative youth, the light step, leaping impulses
and secret pleasures, that I had enjoyed in the
disguise of Hyde.

y me despedí resueltamente de la libertad, la relativa
juventud, el paso ligero, los impulsos saltarines y los
placeres secretos que había disfrutado disfrazado de Hyde.

I made this choice perhaps with some unconscious   17.3
reservation, for I neither gave up the house in Soho,
nor destroyed the clothes of Edward Hyde, which still
lay ready in my cabinet.

Tomé esta decisión tal vez con alguna reserva inconsciente,
pues ni renuncié a la casa del Soho, ni destruí las ropas de
Edward Hyde, que aún yacían listas en mi gabinete.

For two months, however, I was true to my   17.4
determination;

Durante dos meses, sin embargo, me mantuve fiel a mi
determinación;

for two months, I led a life of such severity as I   17.5
had never before attained to, and enjoyed the
compensations of an approving conscience.

durante dos meses llevé una vida de tal severidad
como nunca antes había alcanzado, y disfruté de las
compensaciones de una conciencia que me aprobaba.

But time began at last to obliterate the freshness of   17.6
my alarm;

Pero al fin el tiempo empezó a borrar la frescura de mi
alarma;

the praises of conscience began to grow into a thing   17.7
of course;

las alabanzas de la conciencia empezaron a convertirse en
algo natural;

17.8 I began to be tortured with throes and longings,

empecé a torturarme con angustias y anhelos,

17.9 as of Hyde struggling after freedom;

como de Hyde luchando por la libertad;

17.10 and at last, in an hour of moral weakness, I once again compounded and swallowed the transforming draught.

y al fin, en una hora de debilidad moral, volví a componer y a tragar la bebida transformadora.

18.1 I do not suppose that, when a drunkard reasons with himself upon his vice, he is once out of five hundred times affected by the dangers that he runs through his brutish, physical insensibility;

No creo que, cuando un borracho razona consigo mismo sobre su vicio, se vea afectado una de cada quinientas veces por los peligros que corre a causa de su insensibilidad física y brutal;

18.2 neither had I, long as I had considered my position, made enough allowance for the complete moral insensibility and insensate readiness to evil, which were the leading characters of Edward Hyde.

tampoco yo, desde que consideré mi posición, había tenido suficientemente en cuenta la completa insensibilidad moral y la insensata disposición al mal, que eran los caracteres principales de Edward Hyde.

18.3 Yet it was by these that I was punished.

Sin embargo, fue por ellos por lo que fui castigado.

18.4 My devil had been long caged, he came out roaring.

Mi demonio, que llevaba mucho tiempo enjaulado, salió rugiendo.

I was conscious, even when I took the draught, of a
more unbridled, a more furious propensity to ill.

18.5

Era consciente, incluso cuando tomé el trago, de una
propensión más desenfrenada y furiosa al mal.

It must have been this, I suppose, that stirred in my
soul that tempest of impatience with which I listened
to the civilities of my unhappy victim;

18.6

Debe haber sido esto, supongo, lo que despertó en mi
alma esa tempestad de impaciencia con la que escuché las
cortesías de mi infeliz víctima;

I declare, at least, before God, no man morally sane
could have been guilty of that crime upon so pitiful a
provocation;

18.7

declaro, al menos, ante Dios, que ningún hombre
moralmente cuerdo podría haber sido culpable de ese
crimen ante una provocación tan lamentable;

and that I struck in no more reasonable spirit than
that in which a sick child may break a plaything.

18.8

y que no golpeé con un espíritu más razonable que aquel
con el que un niño enfermo puede romper un juguete.

But I had voluntarily stripped myself of all those
balancing instincts by which even the worst of us
continues to walk with some degree of steadiness
among temptations;

18.9

Pero me había despojado voluntariamente de todos esos
instintos equilibradores por los que hasta el peor de
nosotros sigue caminando con cierto grado de firmeza
entre las tentaciones;

and in my case, to be tempted, however slightly, was
to fall.

18.10

y en mi caso, ser tentado, por leve que fuera, era caer.

19.1 Instantly the spirit of hell awoke in me and raged.

Al instante, el espíritu del infierno despertó en mí y se enfureció.

19.2 With a transport of glee, I mauled the unresisting body, tasting delight from every blow;

Con un arrebato de júbilo, destrocé el cuerpo que no resistía, saboreando el placer de cada golpe;

19.3 and it was not till weariness had begun to succeed, that I was suddenly, in the top fit of my delirium, struck through the heart by a cold thrill of terror.

y no fue hasta que el cansancio empezó a vencerme, que de repente, en el colmo de mi delirio, me golpeó en el corazón un frío estremecimiento de terror.

19.4 A mist dispersed; I saw my life to be forfeit;

Una niebla se dispersó; vi que mi vida estaba perdida;

19.5 and fled from the scene of these excesses, at once glorying and trembling, my lust of evil gratified and stimulated, my love of life screwed to the topmost peg.

y huí de la escena de estos excesos, a la vez gloriándome y temblando, mi lujuria del mal gratificada y estimulada, mi amor a la vida atornillado a la clavija más alta.

19.6 I ran to the house in Soho,

Corrí a la casa del Soho,

19.7 and (to make assurance doubly sure) destroyed my papers;

y (para estar doblemente seguro) destruí mis papeles;

thence I set out through the lamplit streets, in the 19.8
same divided ecstasy of mind, gloating on my crime,
light-headedly devising others in the future, and yet
still hastening and still hearkening in my wake for
the steps of the avenger.

desde allí salí por las calles iluminadas por la luz de las
lámparas, en el mismo éxtasis dividido de mi mente,
regodeándome en mi crimen, imaginando con ligereza
otros en el futuro, y sin embargo, todavía apresurándome y
escuchando a mi paso los pasos del vengador.

Hyde had a song upon his lips as he compounded the 19.9
draught, and as he drank it, pledged the dead man.

Hyde tenía una canción en los labios mientras preparaba el
brebaje y, al beberlo, juró por el muerto.

The pangs of transformation had not done tearing 19.10
him, before Henry Jekyll, with streaming tears of
gratitude and remorse, had fallen upon his knees and
lifted his clasped hands to God.

Los dolores de la transformación no habían terminado de
desgarrarlo antes de que Henry Jekyll, con lágrimas de
gratitud y remordimiento, cayera de rodillas y alzara sus
manos juntas hacia Dios.

The veil of self-indulgence was rent from head to 19.11
foot.

El velo de la autoindulgencia se rasgó de pies a cabeza.

I saw my life as a whole: 19.12

Vi mi vida como un todo:

19.13 I followed it up from the days of childhood, when I had walked with my father's hand, and through the self-denying toils of my professional life, to arrive again and again, with the same sense of unreality, at the damned horrors of the evening.

La seguí desde los días de la infancia, cuando había caminado de la mano de mi padre, y a través de los abnegados trabajos de mi vida profesional, para llegar una y otra vez, con la misma sensación de irrealidad, a los malditos horrores de la noche.

19.14 I could have screamed aloud;

Hubiera podido gritar en voz alta;

19.15 I sought with tears and prayers to smother down the crowd of hideous images and sounds with which my memory swarmed against me;

con lágrimas y oraciones trataba de sofocar la multitud de imágenes y sonidos horribles con que mi memoria se agolpaba contra mí;

19.16 and still, between the petitions, the ugly face of my iniquity stared into my soul.

y aun así, entre las súplicas, el feo rostro de mi iniquidad me miraba fijamente el alma.

19.17 As the acuteness of this remorse began to die away,

Cuando la agudeza de este remordimiento comenzó a desaparecer,

19.18 it was succeeded by a sense of joy.

fue sucedida por una sensación de alegría.

19.19 The problem of my conduct was solved.

El problema de mi conducta estaba resuelto.

Hyde was thenceforth impossible; whether I would
or not,

19.20

Hyde era ya imposible; quisiera o no,

I was now confined to the better part of my existence;

19.21

estaba ahora confinado a la mejor parte de mi existencia;

and O, how I rejoiced to think of it!

19.22

y ¡oh, cómo me regocijaba al pensar en ello!

with what willing humility I embraced anew the
restrictions of natural life!

19.23

con qué voluntaria humildad abrazaba de nuevo las
restricciones de la vida natural!

with what sincere renunciation I locked the door by
which I had so often gone and come,

19.24

con qué sincera renuncia cerraba la puerta por la que tantas
veces había ido y venido,

and ground the key under my heel!

19.25

y molía la llave bajo mi talón!

The next day, came the news that the murder had not
been overlooked, that the guilt of Hyde was patent
to the world, and that the victim was a man high in
public estimation.

20.1

Al día siguiente, llegó la noticia de que el asesinato no se
había pasado por alto, que la culpabilidad de Hyde era
patente para el mundo y que la víctima era un hombre muy
apreciado por la opinión pública.

It was not only a crime, it had been a tragic folly.

20.2

No sólo había sido un crimen, sino una trágica locura.

I think I was glad to know it;

20.3

Creo que me alegré de saberlo;

20.4   I think I was glad to have my better impulses thus buttressed and guarded by the terrors of the scaffold.

creo que me alegré de que mis mejores impulsos se vieran así reforzados y protegidos por los terrores del cadalso.

20.5   Jekyll was now my city of refuge;

Jekyll era ahora mi ciudad de refugio;

20.6   let but Hyde peep out an instant,

si Hyde se asomaba un instante,

20.7   and the hands of all men would be raised to take and slay him.

las manos de todos los hombres se alzarían para cogerlo y matarlo.

21.1   I resolved in my future conduct to redeem the past; and I can say with honesty that my resolve was fruitful of some good.

Resolví redimir el pasado en mi conducta futura, y puedo decir con honestidad que mi resolución dio fruto.

21.2   You know yourself how earnestly, in the last months of the last year, I laboured to relieve suffering;

Tú mismo sabes con cuánta seriedad, en los últimos meses del año pasado, trabajé para aliviar el sufrimiento;

21.3   you know that much was done for others, and that the days passed quietly, almost happily for myself.

sabes que se hizo mucho por los demás, y que los días pasaron tranquilos, casi felices para mí.

21.4   Nor can I truly say that I wearied of this beneficent and innocent life;

Tampoco puedo decir que me cansara de esta vida benéfica e inocente;

I think instead that I daily enjoyed it more completely;

21.5

más bien creo que cada día la disfrutaba más plenamente;

but I was still cursed with my duality of purpose;

21.6

pero seguía estando maldito por mi dualidad de propósitos;

and as the first edge of my penitence wore off, the lower side of me, so long indulged, so recently chained down, began to growl for licence.

21.7

y a medida que el primer filo de mi penitencia desaparecía, el lado inferior de mí, tan largamente complacido, tan recientemente encadenado, empezó a gruñir pidiendo licencia.

Not that I dreamed of resuscitating Hyde;

21.8

No es que soñara con resucitar a Hyde;

the bare idea of that would startle me to frenzy: no,

21.9

la mera idea de ello me pondría frenético: no,

it was in my own person that I was once more tempted to trifle with my conscience;

21.10

fue en mi propia persona donde volví a sentir la tentación de jugar con mi conciencia;

and it was as an ordinary secret sinner that I at last fell before the assaults of temptation.

21.11

y fue como un pecador secreto ordinario como caí al fin ante los asaltos de la tentación.

There comes an end to all things;

22.1

Todo llega a su fin;

the most capacious measure is filled at last;

22.2

la medida más amplia se llena al fin;

22.3 and this brief condescension to my evil finally destroyed the balance of my soul.

y esta breve condescendencia con mi mal acabó por destruir el equilibrio de mi alma.

22.4 And yet I was not alarmed;

Y, sin embargo, no me alarmé;

22.5 the fall seemed natural, like a return to the old days before I had made my discovery.

la caída me pareció natural, como un regreso a los viejos tiempos, antes de que yo hubiera hecho mi descubrimiento.

22.6 It was a fine, clear, January day, wet under foot where the frost had melted, but cloudless overhead;

Era un hermoso y claro día de enero, húmedo bajo los pies donde se había derretido la escarcha, pero despejado en lo alto;

22.7 and the Regent's Park was full of winter chirrupings and sweet with spring odours.

y el Regent's Park estaba lleno de gorjeos invernales y dulce de olores primaverales.

22.8 I sat in the sun on a bench;

Me senté al sol en un banco;

22.9 the animal within me licking the chops of memory;

el animal dentro de mí lamía las chuletas de la memoria;

22.10 the spiritual side a little drowsed, promising subsequent penitence, but not yet moved to begin.

el lado espiritual un poco adormilado, prometiendo la penitencia subsiguiente, pero aún no movido a comenzar.

22.11 After all, I reflected, I was like my neighbours;

Después de todo, reflexioné, era como mis vecinos;

and then I smiled, comparing myself with other men,
comparing my active good-will with the lazy cruelty
of their neglect.

22.12

y entonces sonreí, comparándome con otros hombres,
comparando mi activa buena voluntad con la perezosa
crueldad de su negligencia.

And at the very moment of that vainglorious thought,
a qualm came over me, a horrid nausea and the most
deadly shuddering.

22.13

Y en el mismo momento de aquel pensamiento
vanaglorioso, me sobrevino un escalofrío, una náusea
horrible y el más mortal estremecimiento.

These passed away, and left me faint;

22.14

Pasaron, y me dejaron débil;

and then as in its turn faintness subsided, I began to
be aware of a change in the temper of my thoughts, a
greater boldness, a contempt of danger, a solution of
the bonds of obligation.

22.15

y luego, a medida que el desvanecimiento disminuía,
empecé a ser consciente de un cambio en el temperamento
de mis pensamientos, una mayor audacia, un desprecio del
peligro, una solución de los lazos de la obligación.

I looked down;

22.16

Miré hacia abajo;

my clothes hung formlessly on my shrunken limbs;

22.17

mis ropas colgaban sin forma sobre mis encogidos
miembros;

the hand that lay on my knee was corded and hairy.

22.18

la mano que yacía sobre mi rodilla estaba acordonada y
velluda.

22.19 **I was once more Edward Hyde.**
Volvía a ser Edward Hyde.

22.20 **A moment before I had been safe of all men's respect, wealthy, beloved — the cloth laying for me in the dining-room at home;**
Un momento antes había estado a salvo del respeto de todos los hombres, rico, amado, con la ropa tendida para mí en el comedor de casa;

22.21 **and now I was the common quarry of mankind, hunted, houseless, a known murderer, thrall to the gallows.**
y ahora era la presa común de la humanidad, perseguido, sin casa, un conocido asesino, esclavo de la horca.

23.1 **My reason wavered, but it did not fail me utterly.**
Mi razón vacilaba, pero no me fallaba del todo.

23.2 **I have more than once observed that in my second character,**
Más de una vez he observado que en mi segundo carácter,

23.3 **my faculties seemed sharpened to a point and my spirits more tensely elastic;**
mis facultades parecían agudizarse hasta un punto y mis espíritus más tensamente elásticos;

23.4 **thus it came about that, where Jekyll perhaps might have succumbed, Hyde rose to the importance of the moment.**
así sucedió que, donde Jekyll tal vez hubiera sucumbido, Hyde se elevó a la importancia del momento.

23.5 **My drugs were in one of the presses of my cabinet;**
Mis medicamentos estaban en una de las prensas de mi gabinete;

how was I to reach them?   23.6
¿cómo iba a alcanzarlos?

That was the problem that (crushing my temples in   23.7
my hands) I set myself to solve.
Ese era el problema que (aplastándome las sienes con las
manos) me propuse resolver.

The laboratory door I had closed.   23.8
Había cerrado la puerta del laboratorio.

If I sought to enter by the house,   23.9
Si intentaba entrar por la casa,

my own servants would consign me to the gallows.   23.10
mis propios criados me condenarían a la horca.

I saw I must employ another hand, and thought of   23.11
Lanyon.
Vi que debía emplear otra mano, y pensé en Lanyon.

How was he to be reached? how persuaded?   23.12
¿Cómo llegar a él? ¿Cómo persuadirlo?

Supposing that I escaped capture in the streets,   23.13
Suponiendo que escapara a la captura en las calles,

how was I to make my way into his presence?   23.14
¿cómo iba a abrirme paso hasta su presencia?

and how should I, an unknown and displeasing   23.15
visitor, prevail on the famous physician to rifle the
study of his colleague, Dr. Jekyll?
y ¿cómo iba yo, un visitante desconocido y desagradable, a
convencer al famoso médico de que desvalijara el estudio de
su colega, el doctor Jekyll?

23.16 Then I remembered that of my original character, one part remained to me:

Entonces recordé que de mi carácter original me quedaba una parte:

23.17 I could write my own hand;

Podía escribir de mi puño y letra;

23.18 and once I had conceived that kindling spark,

y una vez que hube concebido esa chispa encendida,

23.19 the way that I must follow became lighted up from end to end.

el camino que debía seguir se iluminó de punta a punta.

24.1 Thereupon, I arranged my clothes as best I could, and summoning a passing hansom, drove to an hotel in Portland Street, the name of which I chanced to remember.

Entonces me arreglé la ropa lo mejor que pude y, llamando a un coche que pasaba por allí, me dirigí a un hotel de Portland Street, cuyo nombre recordaba por casualidad.

24.2 At my appearance (which was indeed comical enough, however tragic a fate these garments covered) the driver could not conceal his mirth.

Al verme (lo cual era bastante cómico, por trágico que fuera el destino que cubrían mis ropas), el conductor no pudo ocultar su alegría.

I gnashed my teeth upon him with a gust of devilish
fury; and the smile withered from his face — happily
for him — yet more happily for myself, for in another
instant I had certainly dragged him from his perch.

24.3

Le rechiné los dientes con una ráfaga de furia diabólica, y la
sonrisa se le borró de la cara, felizmente para él, pero más
felizmente para mí, pues en un instante lo había arrastrado
de su percha.

At the inn, as I entered, I looked about me with so
black a countenance as made the attendants tremble;
not a look did they exchange in my presence; but
obsequiously took my orders, led me to a private
room, and brought me wherewithal to write.

24.4

En la posada, al entrar, miré a mi alrededor con un
semblante tan negro que hizo temblar a los sirvientes;
no intercambiaron ni una mirada en mi presencia, sino que
obsequiosamente tomaron mis órdenes, me condujeron
a una habitación privada y me trajeron lo necesario para
escribir.

Hyde in danger of his life was a creature new to me;
shaken with inordinate anger, strung to the pitch of
murder, lusting to inflict pain.

24.5

Hyde, en peligro de muerte, era una criatura nueva para
mí, sacudido por una cólera desmesurada, al borde del
asesinato, deseoso de infligir dolor.

Yet the creature was astute;

24.6

Sin embargo, la criatura era astuta;

mastered his fury with a great effort of the will;

24.7

dominó su furia con un gran esfuerzo de voluntad;

composed his two important letters,

24.8

redactó sus dos importantes cartas,

24.9 **one to Lanyon and one to Poole;**
una para Lanyon y otra para Poole;

24.10 **and that he might receive actual evidence of their being posted,**
y para que pudiera recibir una prueba real de que habían sido enviadas,

24.11 **sent them out with directions that they should be registered.**
las envió con instrucciones de que fueran registradas.

24.12 **Thenceforward, he sat all day over the fire in the private room, gnawing his nails;**
A partir de entonces, pasó todo el día sentado junto al fuego en la habitación privada, royéndose las uñas;

24.13 **there he dined, sitting alone with his fears, the waiter visibly quailing before his eye;**
allí cenó, sentado a solas con sus temores, con el camarero visiblemente tembloroso ante sus ojos;

24.14 **and thence, when the night was fully come, he set forth in the corner of a closed cab, and was driven to and fro about the streets of the city.**
y luego, cuando llegó la noche, salió en la esquina de un taxi cerrado, y fue llevado de un lado a otro por las calles de la ciudad.

24.15 **He, I say — I cannot say, I.**
Aquel hijo del infierno no tenía nada de humano; sólo vivía en él el miedo y el odio.

That child of Hell had nothing human; nothing lived in him but fear and hatred.   24.16

Y cuando por fin, pensando que el conductor había empezado a sospechar, bajó del taxi y se aventuró a pie, ataviado con sus ropas inadecuadas, un objeto marcado para la observación, en medio de los pasajeros nocturnos, estas dos bajas pasiones se desataron dentro de él como una tempestad.

And when at last, thinking the driver had begun to grow suspicious, he discharged the cab and ventured on foot, attired in his misfitting clothes, an object marked out for observation, into the midst of the nocturnal passengers, these two base passions raged within him like a tempest.   24.17

Caminaba deprisa, perseguido por sus temores, parloteando consigo mismo, merodeando por las vías menos frecuentadas, contando los minutos que aún le separaban de la medianoche.

He walked fast, hunted by his fears, chattering to himself, skulking through the less frequented thoroughfares, counting the minutes that still divided him from midnight.   24.18

Una vez le habló una mujer, ofreciéndole, creo, una caja de luces.

Once a woman spoke to him, offering, I think, a box of lights. He smote her in the face, and she fled.   24.19

Él la golpeó en la cara y ella huyó. .

When I came to myself at Lanyon's,   25.1

Cuando volví en mí en casa de Lanyon,

the horror of my old friend perhaps affected me somewhat: 25.2

el horror de mi viejo amigo tal vez me afectó algo:

25.3   I do not know;

no lo sé;

25.4   it was at least but a drop in the sea to the abhorrence
with which I looked back upon these hours.

al menos no fue más que una gota en el mar para el
aborrecimiento con que recordé aquellas horas.

25.5   A change had come over me.

Se había producido un cambio en mí.

25.6   It was no longer the fear of the gallows,

Ya no era el miedo a la horca,

25.7   it was the horror of being Hyde that racked me.

era el horror de ser Hyde lo que me atormentaba.

25.8   I received Lanyon's condemnation partly in a dream;

Recibí la condena de Lanyon en parte en sueños;

25.9   it was partly in a dream that I came home to my own
house and got into bed.

en parte en sueños volví a mi casa y me metí en la cama.

25.10 I slept after the prostration of the day,

Dormí después de la postración del día,

25.11 with a stringent and profound slumber which not
even the nightmares that wrung me could avail to
break.

con un sueño riguroso y profundo que ni siquiera las
pesadillas que me atormentaban pudieron romper.

25.12 I awoke in the morning shaken, weakened, but
refreshed.

Por la mañana me desperté agitado, debilitado, pero
renovado.

I still hated and feared the thought of the brute that slept within me,

25.13

Todavía odiaba y temía el pensamiento del bruto que dormía dentro de mí,

and I had not of course forgotten the appalling dangers of the day before;

25.14

y por supuesto no había olvidado los espantosos peligros del día anterior;

but I was once more at home,

25.15

pero estaba una vez más en casa,

in my own house and close to my drugs;

25.16

en mi propia casa y cerca de mis drogas;

and gratitude for my escape shone so strong in my soul that it almost rivalled the brightness of hope.

25.17

y la gratitud por mi escape brillaba tan fuerte en mi alma que casi rivalizaba con el brillo de la esperanza.

I was stepping leisurely across the court after breakfast, drinking the chill of the air with pleasure, when I was seized again with those indescribable sensations that heralded the change;

26.1

Cruzaba tranquilamente el patio después del desayuno, bebiendo con placer el frío del aire, cuando me asaltaron de nuevo esas indescriptibles sensaciones que anunciaban el cambio;

and I had but the time to gain the shelter of my cabinet,

26.2

y no tuve más que el tiempo de refugiarme en mi gabinete,

26.3 before I was once again raging and freezing with the passions of Hyde.

antes de estar de nuevo furioso y helado por las pasiones de Hyde.

26.4 It took on this occasion a double dose to recall me to myself;

En esta ocasión fue necesaria una dosis doble para que volviera en mí;

26.5 and alas!

y, ¡ay!

26.6 six hours after, as I sat looking sadly in the fire, the pangs returned, and the drug had to be re-administered.

seis horas después, mientras estaba sentado mirando tristemente al fuego, volvieron los dolores, y hubo que volver a administrarme la droga.

26.7 In short, from that day forth it seemed only by a great effort as of gymnastics, and only under the immediate stimulation of the drug, that I was able to wear the countenance of Jekyll.

En resumen, a partir de ese día parecía que sólo con un gran esfuerzo como de gimnasia, y sólo bajo el estímulo inmediato de la droga, era capaz de llevar el semblante de Jekyll.

26.8 At all hours of the day and night,

A todas horas del día y de la noche,

26.9 I would be taken with the premonitory shudder;

me sobrevenía el escalofrío premonitorio;

above all, if I slept, or even dozed for a moment in my   26.10
chair, it was always as Hyde that I awakened.

sobre todo, si dormía, o incluso dormitaba un momento en
mi silla, siempre me despertaba como Hyde.

Under the strain of this continually impending doom   26.11
and by the sleeplessness to which I now condemned
myself, ay, even beyond what I had thought possible
to man, I became, in my own person, a creature eaten
up and emptied by fever, languidly weak both in body
and mind, and solely occupied by one thought:

Bajo la tensión de esta inminente fatalidad y por el
insomnio al que ahora me condenaba, ay, incluso más allá
de lo que había creído posible para el hombre, me convertí,
en mi propia persona, en una criatura carcomida y vaciada
por la fiebre, lánguidamente débil tanto de cuerpo como de
mente, y ocupada únicamente por un pensamiento:

the horror of my other self.   26.12

el horror de mi otro yo.

But when I slept, or when the virtue of the medicine   26.13
wore off, I would leap almost without transition (for
the pangs of transformation grew daily less marked)
into the possession of a fancy brimming with images
of terror, a soul boiling with causeless hatreds, and
a body that seemed not strong enough to contain the
raging energies of life.

Pero cuando dormía, o cuando la virtud de la medicina
desaparecía, saltaba casi sin transición (pues las punzadas
de la transformación eran cada día menos marcadas) a la
posesión de una fantasía rebosante de imágenes de terror,
un alma hirviente de odios sin causa, y un cuerpo que
no parecía lo bastante fuerte para contener las furiosas
energías de la vida.

26.14 **The powers of Hyde seemed to have grown with the sickliness of Jekyll.**

Los poderes de Hyde parecían haber crecido con la asquerosidad de Jekyll.

26.15 **And certainly the hate that now divided them was equal on each side.**

Y ciertamente el odio que ahora los dividía era igual en cada bando.

26.16 **With Jekyll, it was a thing of vital instinct.**

En el caso de Jekyll, era una cuestión de instinto vital.

26.17 **He had now seen the full deformity of that creature that shared with him some of the phenomena of consciousness, and was co-heir with him to death:**

Ahora había visto toda la deformidad de aquella criatura que compartía con él algunos de los fenómenos de la conciencia y era coheredera con él de la muerte:

26.18 **and beyond these links of community, which in themselves made the most poignant part of his distress, he thought of Hyde, for all his energy of life, as of something not only hellish but inorganic.**

y más allá de estos lazos de comunidad, que en sí mismos constituían la parte más conmovedora de su angustia, pensaba en Hyde, a pesar de toda su energía vital, como en algo no sólo infernal sino inorgánico.

26.19 **This was the shocking thing; that the slime of the pit seemed to utter cries and voices; that the amorphous dust gesticulated and sinned; that what was dead, and had no shape, should usurp the offices of life.**

Esto era lo chocante: que el cieno de la fosa pareciese emitir gritos y voces; que el polvo amorfo gesticulase y pecase; que lo que estaba muerto, y no tenía forma, usurpase los oficios de la vida.

And this again, that that insurgent horror was knit to
him closer than a wife, closer than an eye; 26.20

Y esto también, que aquel horror insurgente estaba unido a
él más estrechamente que una esposa, más estrechamente
que un ojo;

lay caged in his flesh, 26.21

yacía enjaulado en su carne,

where he heard it mutter and felt it struggle to be
born; 26.22

donde lo oía murmurar y lo sentía luchar por nacer;

and at every hour of weakness, and in the confidence
of slumber, prevailed against him, and deposed him
out of life. 26.23

y en cada hora de debilidad, y en la confianza del sueño,
prevalecía contra él, y lo destituía de la vida.

The hatred of Hyde for Jekyll was of a different order. 26.24

El odio de Hyde hacia Jekyll era de otro orden.

His terror of the gallows drove him continually
to commit temporary suicide, and return to his
subordinate station of a part instead of a person; 26.25

Su terror a la horca le impulsaba continuamente a cometer
un suicidio temporal y a volver a su posición subordinada
de parte en lugar de persona;

but he loathed the necessity, he loathed the
despondency into which Jekyll was now fallen, and
he resented the dislike with which he was himself
regarded. 26.26

pero detestaba la necesidad, detestaba el abatimiento en
el que Jekyll había caído y se resentía de la antipatía con la
que él mismo era considerado.

26.27   Hence the ape-like tricks that he would play me, scrawling in my own hand blasphemies on the pages of my books, burning the letters and destroying the portrait of my father;

De ahí las bromas simiescas que me gastaba, garabateando de mi puño y letra blasfemias en las páginas de mis libros, quemando las cartas y destruyendo el retrato de mi padre;

26.28   and indeed, had it not been for his fear of death, he would long ago have ruined himself in order to involve me in the ruin.

y, en efecto, de no haber sido por su miedo a la muerte, hace tiempo que se habría arruinado para involucrarme en la ruina.

26.29   But his love of life is wonderful; I go further:

Pero su amor a la vida es maravilloso; yo voy más allá:

26.30   I, who sicken and freeze at the mere thought of him, when I recall the abjection and passion of this attachment, and when I know how he fears my power to cut him off by suicide, I find it in my heart to pity him.

Yo, que me enfermo y me congelo con sólo pensar en él, cuando recuerdo la abyección y la pasión de este apego, y cuando sé cómo teme mi poder para cortarlo por suicidio, encuentro en mi corazón que puedo compadecerme de él.

27.1   It is useless, and the time awfully fails me, to prolong this description;

Es inútil, y el tiempo me falla terriblemente, prolongar esta descripción;

27.2   no one has ever suffered such torments, let that suffice;

nadie ha sufrido jamás tales tormentos, que eso baste;

and yet even to these, habit brought - no,   27.3

y sin embargo, incluso a éstos, el hábito trajo - no,

not alleviation - but a certain callousness of soul,   27.4

no el alivio - sino una cierta insensibilidad del alma,

a certain acquiescence of despair;   27.5

una cierta aquiescencia de la desesperación;

and my punishment might have gone on for years,   27.6
but for the last calamity which has now fallen, and
which has finally severed me from my own face and
nature.

y mi castigo podría haber durado años, de no ser por la
última calamidad que ha caído ahora, y que finalmente me
ha separado de mi propio rostro y naturaleza.

My provision of the salt, which had never been   27.7
renewed since the date of the first experiment, began
to run low.

Mi provisión de sal, que nunca había sido renovada desde la
fecha del primer experimento, empezó a escasear.

I sent out for a fresh supply and mixed the draught;   27.8

Envié a buscar una nueva provisión y mezclé la calada;

the ebullition followed, and the first change of colour,   27.9
not the second;

siguió la ebullición, y el primer cambio de color, no el
segundo;

I drank it and it was without efficiency.   27.10

la bebí y fue sin eficacia.

27.11 You will learn from Poole how I have had London ransacked; it was in vain; and I am now persuaded that my first supply was impure, and that it was that unknown impurity which lent efficacy to the draught.

Usted aprenderá de Poole cómo he tenido Londres saqueado, fue en vano, y ahora estoy persuadido de que mi primer suministro era impuro, y que era esa impureza desconocida que prestó eficacia a la calada.

28.1 About a week has passed,

Ha pasado aproximadamente una semana,

28.2 and I am now finishing this statement under the influence of the last of the old powders.

y ahora estoy terminando esta declaración bajo la influencia de los últimos polvos viejos.

28.3 This, then, is the last time, short of a miracle, that Henry Jekyll can think his own thoughts or see his own face (now how sadly altered!)

Esta es, pues, la última vez, salvo milagro, que Henry Jekyll puede pensar sus propios pensamientos o ver su propio rostro (¡qué tristemente alterado!)

28.4 in the glass.

en el espejo.

28.5 Nor must I delay too long to bring my writing to an end; for if my narrative has hitherto escaped destruction, it has been by a combination of great prudence and great good luck.

Tampoco debo demorarme demasiado en poner fin a mis escritos, pues si mi narrativa ha escapado hasta ahora a la destrucción, ha sido por una combinación de gran prudencia y gran suerte.

Should the throes of change take me in the act of writing it,

28.6

Si la agonía del cambio me coge en el acto de escribirlo,

Hyde will tear it in pieces;

28.7

Hyde lo hará pedazos;

but if some time shall have elapsed after I have laid it by,

28.8

pero si ha transcurrido algún tiempo después de que lo haya dejado,

his wonderful selfishness and circumscription to the moment will probably save it once again from the action of his ape-like spite.

28.9

su maravilloso egoísmo y su circunscripción al momento probablemente lo salvarán una vez más de la acción de su rencor simiesco.

And indeed the doom that is closing on us both has already changed and crushed him.

28.10

Y, en efecto, la fatalidad que se cierne sobre nosotros dos ya lo ha cambiado y aplastado.

Half an hour from now, when I shall again and forever reindue that hated personality, I know how I shall sit shuddering and weeping in my chair, or continue, with the most strained and fearstruck ecstasy of listening, to pace up and down this room (my last earthly refuge) and give ear to every sound of menace.

28.11

Dentro de media hora, cuando vuelva a reeditar para siempre esa odiada personalidad, sé cómo me sentaré temblando y llorando en mi silla, o seguiré, con el éxtasis más tenso y temeroso de escuchar, paseando arriba y abajo por esta habitación (mi último refugio terrenal) y prestando oídos a cada sonido de amenaza.

28.12 Will Hyde die upon the scaffold? or will he find courage to release himself at the last moment? God knows;

¿Morirá Hyde en el patíbulo o encontrará el valor para liberarse en el último momento? Dios lo sabe;

28.13 I am careless; this is my true hour of death,

me tiene sin cuidado; ésta es mi verdadera hora de muerte,

28.14 and what is to follow concerns another than myself.

y lo que ha de seguir concierne a otro que a mí mismo.

28.15 Here then, as I lay down the pen and proceed to seal up my confession, I bring the life of that unhappy Henry Jekyll to an end.

Aquí, pues, al dejar la pluma y proceder a sellar mi confesión, pongo fin a la vida de ese infeliz Henry Jekyll.

Möwenstein Books

www.mowenstein.com

Renowned Authors

H. G. Wells   ·   Ernest Hemingway
H. P. Lovecraft   ·   Lewis Carroll
Franz Kafka   ·   Friedrich Nietzsche
Albert Einstein   ·   Oscar Wilde
Hans Christian Andersen

Notable Works

Frankenstein   ·   *Alice in Wonderland*
Heart of Darkness   ·   *The Great Gatsby*
Siddhartha   ·   *The Metamorphosis*
Thus Spoke Zarathustra

Translation Services

We offer translation services in various languages, including German, Spanish, Chinese, Korean, Arabic, and more. For custom translations or revisions, please contact us at:

Email: translation@mowenstein.com

Our Collections

Franz Kafka Collection

- The Metamorphosis / Die Verwandlung
- The Trial / Der Prozess
- The Castle / Das Schloss
- and many more...

Pakt mit dem Teufel

- Faust Parts I & II by Johann Wolfgang von Goethe
- Doctor Faustus by Christopher Marlowe

Portraits of Irishmen

- The Picture of Dorian Gray by Oscar Wilde
- A Portrait of the Artist as a Young Man by James Joyce

Children's Classics

- Winnie-the-Pooh / Pu der Bär
- Brothers Grimm Fairy Tales
- Fairy Tales Told for Children
    - Author: Hans Christian Andersen

Visit Us

At Möwenstein Books, we are committed to providing high-quality bilingual editions of classic works. Explore our collections and discover more titles across various genres and languages.

Website: www.mowenstein.com